WAC BUNKO

ヤバイぞ日本

中国の「侵略」を直視せよ！

佐々

JN196509

WAC

はじめに

外務省チャイナスクール出身の中国課長の言葉が今でも忘れられない。筆者が産経新聞社の政治部記者として外務省を担当していたときのことである。

「中国首脳にね、おべんちゃらをいっても意味がないんですよ。なめられるだけ。ズバズバ思ったことをいうことが大事なんです。相手が嫌がることをいえばいうほど、逆に信用されて、こちらの話に耳を傾けるようになるんです」

事務レベルでは言いなりの中国課長がこう語るのもどうかと思ったものだが、日本の政治家のことを揶揄《やゆ》して語ったこの言葉はどこまでも正しい。

1997年に中国共産主義青年団が来日した際、霞クラブ（外務省記者クラブ）詰めだった筆者は、会社の命令で彼らを案内したことがある。事前の調整でお会いした加藤良三アジア局長（当時）が、「なぜ、産経さんがこんな共産党バリバリの人たちをアテンド（案内）しているの？　彼らに聞いてみてよ」というので、実際に聞いてみた。

当時は、李克強元首相が青年団長を務めていた（1993年5月〜98年6月）。加藤局長との面会を終えた後、外務省内の廊下で先頭を歩いていた李氏と思しき青年団の代表に質問すると、すぐさま、こう答えが帰ってきた。

「産経新聞さんはね、わたしたちに厳しいことばかり書くけど、本音を隠さないから信用できるんです。ですから、案内役をお願いしました」

このときは「一本取られた」と思ったものだ。まさに大人《たいじん》の風情であった。用意された答えなのか、当意即妙によるものだったのか、あるいは本心からそういったのかは知る由もないが、こんな雑談であっても、彼らは駆け引きという政治をやっていたのである。

こうやって相手を篭絡《ろうらく》させていくのだろうと思うと、政財界人がコロリと騙《だま》されるのも「むべなるかな」と実感したものである。マネートラップ、ハニートラップ。彼らの提供する「アメ」をしゃぶったが最後、それは弱みとなり、揺すりの対象となるのである。

ひとたび、関係を結んで甘い蜜を吸えば、切っても切れない縁となり、麻薬中毒の患者のように中国共産党という泥沼にはまり込んでいくのがオチなのだ。

財界も中国市場に目がくらみ、一朝事が起きた場合、駐在員とその家族、企業の財産や施設が人質となるリスクを正面から見ようとしないで中国への投資に熱を上げる。そこには、「安全保障は米国に、経済は中国と」という甘えの構図が横たわる。中国・蘇州《そしゅう》や深圳《しんせん》で日本人母子や男児が襲われ、死傷した。保護責任はだれがとるのか。「日中友好」という牧歌的な関係は、遠い過去の遺物となっているのである。

それにしても、「日中友好」――。なんと甘味で美しい響きを持った言葉なのだろうか。幼少期から青年時代にかけて、そう感じていた。『共産党宣言』やノンフィクション作家の大宅壮一、岩波文庫の並ぶ父の書棚と毎朝配達される「朝日新聞」や「少年朝日年鑑」を見て読んで育った筆者は、子供心ながらにこの4文字に酔いしれ憧れて、「将来は中国語を勉強して日中の懸け橋になりたい」と思ったものである。

後に文化大革命における大虐殺や天安門事件で見せた中国共産党の本質を知ることになるのだが、この時はまだ、日中国交正常化を成し遂げた田中角栄元首相の偉業に魅せられ、日中関係を追い続けたいと考えていた。この思いが、大学時代も革マルが支配する自治会に所属し、学生運動の真似ごとをしながら政治記者を目指す静かなモチベーションだったことを打ち明けておく。

それが今や中国共産党の危険性と脅威に警鐘を鳴らす側に回って久しいのだから、なんとも皮肉なことである。それには米国留学とワシントンでの特派員経験が役立った。

そこでいつも思うのは、日中友好や平和共存などと、きれいごとばかりをいって世の中がうまく回るのなら、誰も苦労などしないということだ。これは日本にいてコタツに足を突っ込んでいるだけでは気づかなかったことである。


ところが残念なことに、現実は偽善者に満ち溢れ、外国人との共生に苦しむ他人の困難には沈黙する一方、安全な場所から無責任な言説を垂れ流している。

その最たるものが、「多文化共生」という空理空論である。流行り病のように巷《ちまた》に溢れる、この5文字にひとたび感染すると、「日本は民度の高い先進国として、貧しい国から外国人を大量に受け入れる開かれた国になるのだ」という強迫観念に囚《とら》われてしまうのだ。向かっている先は、国同士が積極的に交流していく「国際化」ではなく、物理的にも内面的にも国家の壁を壊す「グローバル化」だ。

現在の日本はそれに気づかないまま、多文化共生という美辞麗句の下、グローバル化を体現する移民国家に大きく舵を切っているのである。北米大陸やオーストラリア大陸ならいざ知らず、大量の移民を受け入れるだけの国土や習慣を持たない島国の日本が米豪の真似をしようとしても、さほど国土の大きくない欧州諸国のように辛酸を舐《な》めるだけである。あるいは、宗教や生活習慣の違う少数派の移民に「寄り添う」偽善者を演じることで、受け入れ側の平穏な生活を犠牲にしつつ、大きく変貌していく国柄を手をこまねいて見ているだけとなる。その先にあるのは、協調性と相互互助を貴ぶ日本古来の伝統・文化の衰退である。移民を日本に同化させていく国の大方針がなければ、移民政策に失敗した欧州諸国のように、世の中は乱れるばかりである。

そんなグローバル化とは、経済の側面からいえば、国境の垣根を低くして、ヒト、モノ、カネ、サービスの移動を自由にすることで、多国籍企業に代表される投資家や企業家などのグローバリストを太らせ、結果的に日本国民を経済的な貧困に追い込んでいくことにほかならない。

グローバル化が進むとなぜ、日本人の貧困化が進むのか。グローバリストは巨額の投資を人質に、例えば投資先の政府に対して「人件費を抑えて非正規労働者を雇用しやすくする改革」を要求し、日本国民の多くを正規採用の枠から追い出そうとする。外国人労働者の大規模受け入れは人件費を抑えることのできる歓迎すべき政策であり、グローバリストにとって好都合の条件なのである。

実際、非正規雇用による低収入に苦しみ、結婚したくてもできない日本の若者がどれだけ多いことか。非正規労働者の未婚率は正規の約2倍にのぼり、勤続年数が30年にもなると非正規の収入は微増にもかかわらず、正規は2倍になるという統計もある（総務省「就業構造基本調査」など）。現に日本政府がやってきたことは、グローバリストに迎合するかのように、劣悪な労働環境の固定化と電気やガス、水道などのインフラ事業の民営化や株主重視の企業統治改革の断行を進めてきたのである。

２０２４年10月の総選挙で議席の４倍増という躍進を果たした国民民主党が「１０３万円の壁」を打ち破らんと挑んだが、自民党の宮澤洋一税制調査会長ら財務省の走狗《そうく》によって骨抜きにされてしまった。この壁は、収入増による社会保険料の支払いが発生したり、パート労働者の配偶者の収入が変動することを嫌がって「就労控え」が滞留する大きな原因となっている。この結果、実際に働く体力や時間のある人がいるにもかかわらず、「人手不足」といわれる現象が定着し、外国人労働者を増やそうという安易な発想が世間に浸透するようになったのである。

つまり、真の「国際化」とは、九州大学大学院の施光恒《せてるひさ》教授（比較社会文化論）の言葉を借りれば、「国境や国籍は維持したままで、各国の伝統や文化、制度を尊重し、互いの相違を認めつつ、積極的に交流していく現象、および、そうすべきだという考え方」なのである。実際、限られた空間にいろいろな国の人たちが住み、それぞれの風習や習慣を認め譲り合うというのは、なかなか難しい相談なのだ。

「多文化共生」という言葉が世にもてはやされているが、現実はそんな甘いものではない。違った習慣や死生観を持つ外国人を受け入れる地元の住民によっては「他文化との共生」を強いられる、つまり、「他文化強制」に直面していると感じる人が実際に出てきている事実をどれだけの人が知っているのだろうか。

「多文化共生は美徳である」とされる現代の日本社会にあって、日本人が共生する外国人の多くを占めるのは、最も居住者の多い中国人である。その数は、在日外国人385万8956人（2024年6月末現在）のうち、84万4187人にのぼる。さらに日本国籍を取得する中国人は毎年約3500人以上という。

住み着いた土地を故郷とし、ともすれば、自国文化を定住先に持ち込んできた中国人（漢人）の旺盛な生活力とその歴史を見れば、受け入れ側にとって、「多文化共生」が「他文化強制」だと感じることもあろう。「郷に入れば、郷に従え」というのは、中国の格言であるが、

「郷に入っても郷に従わない」人々が少なくないからだ。チベットやウイグル、南モンゴルなどで周辺民族を銃と鍬《くわ》で蹂躙《じゅうりん》してきたのが歴史の事実である。

だから本書では、多文化共生とは事実上、「中華文化との共生」であり、そうした将来を日本人は受け入れる覚悟があるのかと、問うているのである。もちろん、悪意を持った征服欲の塊《かたまり》のような中国人ばかりではないことはいうまでもない。

ただ、人の好い日本人は、ともすれば、素行の悪い日本人より品行方正な近所の中国人を見て個別の事実を普遍化するような見方をしがちである。だが、それは問題の本質を見誤るだけであろう。例えば、「あの中国人は良い人だからきっと習近平国家主席も良い人だろうし、共産党が指導する中国という国も良い国なのだろう」というものの見方である。

こうした問題を語るとき、気をつけねばならないのは、全体を俯瞰《ふかん》する「鳥の目」と細部にこだわる「虫の目」の両方を忘れないでいることだ。

評論家の故・西尾幹二氏は、いみじくもこう指摘している。

「一般に移民問題はタブーに覆《おお》われ、ものが言えなくなるのが一番厄介《やっかい》な点で、すでにして日本のマスメディアの独特な沈黙は始まっている。日本は和を尊ぶ国柄で、宗教的寛容を古代から受け継いでいるから多民族との共生社会を形成することは容易であると言い出した。確かに日本文化は寛容だが、何でも受け入れるふりをして、結果的に入れないものはまったく入れないという外光遮断型である。対決型の異文明に出会うと凹型に反応し、一見受け入れたかにみえるが、相手を括弧《かっこ》でくくって、国内に囲い込んで置き去りにしていくだけである。キリスト教、イスラム教などの原理主義は日本では絶対に定着しない」とした上で、「他民族共生社会や多文化社会は世界でも実現したためしのない空論で、元からあった各国の民族文化を壊し、新たな階層分化を引き起こす。日本は少数外国人の固有文化を尊重せよと言われるが、彼らが日本の文化を拒否していることにはどう手を打ったら良いというのか」（産経新聞「正論」、２０１８年12月13日付）と嘆く。

移民の大量流入で混乱する欧州諸国の失敗から学ぼうとせずに、この国を移民国家にしようなどと国民を誘導する政財界は、「亡国の徒」そのものである。

来日する外国人労働者は牛や馬ではない。来れば日本人と同じように生活する。中には不法滞在したり、悪事を働いたりする者もいるだろう。だが、多くの外国人労働者は真面目に働き、納税している。恋愛もすれば結婚もする。病気になって生活の糧《かて》に困ることもあろう。そんな彼らにも、子供らに教育を受けさせ、日本人と同様に社会福祉の恩恵を受ける権利がある。その体制を整備するのも受け入れる側の責任である。そんな自覚も曖昧《あいまい》なまま、人手不足を理由に外国人労働者を野放図《のほうず》に受け入れれば日本人住民らとの軋轢《あつれき》はいずれ暴力に発展しかねない。それは道義的、経済的な理由から移民や難民受け入れに邁進して混乱に陥ったドイツやフランスなどの例を見るまでもあるまい。

日本でも、宮城県仙台市内の弁当工場の作業風景を中国語で紹介する動画がＳＮＳで拡散され、地域住民が不安に包まれている。

動画は、中国人と見られる従業員の仕事ぶりを紹介する内容だ。唐揚げをつまみ食いする女性の姿が映っているほか、男性のナレーションで日本人に対する蔑称「小日本」や「毒を盛らないの？」とも聞き取れる動画が流れていた（12月18日付／「産経新聞」など）。

中国人といわず、外国人労働者が増えれば、こうした不愉快な事案は日常茶飯事となるであろう。その現実に受け入れ側の日本人は耐えられるのだろうか。

本書は国内外各所を取材し、月刊『Ｗ・ｉＬＬ』に執筆してきた原稿などに加筆した。内容は最近の日中関係をめぐる双方の政界事情や中国人「留学生工作員」の動向、米司法省の捜査で収賄容疑が思わぬ形で蒸し返された岩屋毅《たけし》外相や、彼を任命した石破茂首相、自民党議員らによる媚中・親中の罪を厳しく指摘した。

　1章では、北朝鮮による核・ミサイル問題を協議する6カ国協議を取材した中国・北京でハニートラップという地雷原を歩いた体験や、自民党総裁選に潜《もぐ》り込む中国共産党勢力の悪だくみ、世界で横行する中国人による「背乗り（なりすまし）」の問題のほか、認知戦に騙される人の良い日本人が後を絶たない実態を紹介した。

　自民党総裁選では、自民党員になりすます華人（日本国籍を取得した在日中国帰化人）や華僑（中国籍の日本在住者）の問題が深刻な状況となっていること。自民党の旧岸田派などに大量の中国人団体・個人が参加して、派閥の有力なスポンサーになっていること。フィリピンでは実際に、中国人女が身分を偽ってフィリピン人になりすまし、地方の市長にまで上り詰めてしまったことを例示した。また、認知戦では、さきの大戦で亡くなった日本陸海軍の特攻隊を悪用した動画で日本人に贖罪《しょくざい》意識と厭戦《えんせん》気分を植え付けたこと。それに騙される〝自称保守〟の日本人が大勢いる残念な現実を紹介した。

　このほか、中国共産党に忠誠を誓う秘密の「誓約書」に署名し、党から奨学金をもらって日本を含む海外に留学する「博士工作員」の危険性を指摘した。党から金をもらうことは党の指揮下に入ることを意味し、台湾有事などの際には中国国防動員法の指示に従って台湾や日本、米国に敵対する行動に出る危険性があることを指摘した。世間と隔絶した大学に引きこもり、激変する国際情勢の厳しさに鈍感である東京大学や早稲田大学などの受け入れ側の能天気ぶりも記しておいた。

2章では、東京23区の火葬場が中国資本にほぼ独占されている現状や沖縄の離島を買収して、中国の反日ネット民から「中国の領土を増やした」と絶賛された中国人女性と、ようやく事態の深刻さに気付く平和ボケという不治の病に冒された日本人に喝《かつ》を入れた。

火葬場は、公衆衛生上の重要施設であり、人が肉体を手放す道徳的にも神聖な場所でもある。それが外国資本、それも幼児のころから反日教育を施す共産党が支配する中国系企業に仕切られているのである。この事実を都民が知ったら、どう思うだろうか。

民間企業である以上、火葬で利益を上げるのが悪いといっているわけではないが、私企業、それも外国企業が公衆衛生にきちんと責任を持てるのか、都民の一人として確信が持てない。そんな現状を報告した。

受け入れ国の主権を侵害する「闇警察」事件も再掲した。東京・神田の闇警察を運営していた日本福州十邑《じゅうおう》社団聯合総会には、親中派で知られる自民党の松下新平参院議員が高級顧問を務めていた実態も掲載した。ちなみに、警視庁はこの闇警察を2023年に家宅捜索し、その後、中国人女性2人を詐欺容疑で書類送検している。

3章では、習近平体制で進む腐敗撲滅という名の権力闘争による粛清の数々、4章では在中国で身柄拘束される日本人への非人道的な扱いの実態、5章では日本の国富であるリニア建設を妨害し続けた川勝平太前静岡県知事の媚中・背信のほか、なぜ公明党・創価学会が親中路線にこだわるのか、日中国交正常化に動いた田中角栄の功罪に触れてみた。

本書を世に送り出してくれるきっかけをつくり、筆者の背中を押し続けてくれた『WiLL』編集長の立林昭彦氏、編集を担当していただいた齋藤広介氏、時事問題を扱う動画「デイリーWiLL」編集長の山根真氏と同社の皆様に対し、この場を借りて心より感謝を申し上げたい。

令和7年新春

佐々木 類

ヤバイぞ日本

中国の「侵略」を直視せよ！

◎目次

5章 中国におもねるバカども——もう恥さらしはやめるべきだ

装幀／須川貴弘（ＷＡＣ装幀室）

1章

ヒタヒタと押し寄せる中国の〝隠れた侵略〟

――いつの間にか中国の工作に取り込まれている

1　ハニートラップとスパイ

刺激的な光景に戸惑うばかり

2003年8月下旬、宿泊先の中国・北京市内のホテルを訪れたときのことだ。赤やグレーのチャイナドレスに身を包んだ身長170センチはあろうかという女性たち。十数人はいただろうか。1階のロビーに綺麗どころがズラリと並び、こちらを見て微笑んでいる。

北京特派員をしていた他紙の記者いわく、彼女たちは「特別な接待をしてくれるホテル従業員」という体《てい》の高級娼婦だというではないか。他国の政府高官や国会議員らをターゲットにするハニートラップはだれもが知るところだが、ここまで露骨に色仕掛けをしてくるとは思ってもいなかったので正直、驚いた。見ようによっては映画『ニキータ』（1990年）の主人公に見えてくる。仕事を前に刺激的な光景に戸惑った。

北朝鮮の核、ミサイル問題を協議する6カ国協議が2003年8月27日から3日間、北京市内で開催されたときのことである。日本は外務省の藪中三十二《やぶなかみとじ》アジア大洋州局長が参加し、米国はジェイムズ・ケリー国務次官補（東アジア・太平洋担当）が出席した。

その後、数回にわたり、同様の取材で北京を訪れたが、いずれも同じような光景を宿泊先のホテルで目にした。ホテルは日本の外務省が準備し、日本人記者団用のワーキングルームが設営されていた。

すべての日程が終わり、天安門広場を観光した際、耳にイヤホンをつけた私服警官が私にも分かるような形で堂々と尾行してきたのはご愛敬《あいきょう》であった。

それにしても、ホテルにいた長身の女性たちはどんな密命を帯びていたのだろうか。迂闊にルームサービスも頼めず、仕事のとき以外は部屋でただただ、おとなしくしているだけだった。

ロシアのスパイについても思い出がある。筆者が米ワシントン特派員だった2010年夏、ロシアの「美人過ぎるスパイ」、アンナ・チャップマン容疑者ら11人が、米連邦捜査局（FBI）に訴追されるスパイ事件が起きた。

スレンダーで赤毛の彼女は、フェイスブックに肌をあらわにしたポーズ写真を掲載するなど、スパイらしからぬ大胆な行動をとっていた。米ＦＯＸテレビが「赤毛のロシアスパイvs.ボンドガール」という特集番組を放映したほどで、映画『００７』に登場する女性スパイの写真を並べてみせたのは今でも覚えている。

それでも足りないとばかり、米マスコミは、インターネットからチャップマンのヌード写真まで見つけ出して掲載するなど、アイドル級の関心を集めていた。しかし、「まるでB級映画」（米紙ワシントン・ポスト）と報じられるなど、事件の背景や深刻さに注目が集まることはなかった。

事件は電光石火、ロシアに拘束されていた米国人スパイとの大型トレードで幕引きされた。このため、チャップマンらがどんな色仕掛けを行っていたのか、いないのか。どんな情報収集に当たっていたか、多くの謎を残したまま、真相は藪の中で終わった。

筆者は、ＦＢＩに逮捕されたロシア人スパイが居住していた米南部バージニア州アーリントンの現場に足を運んだりした。

なぜ、そんな取材経験を紹介するかというと、英国政界を舞台に工作活動をしていた中国人女性が、２０２２年、世界のメディアを賑わせたからだ。ロシア人と中国人の違いはあるが、ともに女性工作員が主人公である。

事の発端は、英情報局保安部（MI5）である。日本の警視庁公安部などもそうだが、公的には存在していることが知られていても、その活動は杳《よう》として知れない。そんな組織が中国の政治工作について英国議会に対して警告を発したのだ。

MI5は、英国内務省管轄の情報機関で、国内での外国スパイの監視や摘発のほか、国家機密の漏洩《ろうえい》阻止などの防諜活動、テロ組織の情報収集や取り締まりといった、国内の治安維持活動を専門に行う。

先に触れた映画『007』で活躍するジェームズ・ボンドは「殺しのライセンス」を持っているとの設定で、対外諜報活動を行う外務省秘密情報部の通称MI6の所属だ。

さて、議会への通告という形で表舞台に出てきたMI5は2022年1月13日、中国共産党指揮下で、海外でのプロパガンダ工作を行う中央統一戦線工作部（統戦部）と連携する中国系の女性が、英議員らに対して献金を通じ、英国の政治に干渉していると警戒を呼び掛けた。

女性はロンドンなどで法律事務所を運営している弁護士のクリスティン・チン・クイ・リー氏。リー氏は英中の友好活動などにも携わり、英中関係の構築に貢献した功績をたたえた賞を2019年、当時のテリーザ・メイ英首相から授与されたこともある。

リー氏自身が運営する法律事務所を通じ、最大野党・労働党のバリー・ガーディナー下院議員に2014年から20年にかけて42万ポンド（約6500万円）以上を献金した。ガーディナー氏は議員事務所でリー氏の息子を雇っていたが、MI5の警告を受けて息子は退職した。

野党・自由民主党のエド・デービー党首も、エネルギー相時代に5000ポンド（約77万円）の献金を受け取っていた。労働党のイベット・クーパー氏（影の内相）は「われわれは英国の民主的プロセスに介入しようとする中国の試みを最も強い言葉で非難する」と述べた。

「多様性」を隠れ蓑に工作

注目したいのは、リー氏が英議会への関与について、「英国在住の中国人を代表し、多様性（diversity）を高めるためだった」と主張している点である。

序章でも触れたが、日本でも、ずいぶん前から多文化共生や多様性という言葉が多く語られるようになってきたが、そこに潜《ひそ》む落とし穴をリー氏が見事に体現してくれたといえるのが、先述した英国議員への献金事案である。

自分たちとは異なる生活習慣や言葉を持った人々に対して、寛容な社会の実現を掲げながら、移住先の英国社会や政治への影響力を静かに高めて、自分たちのルーツである中国共産党政権に有利となる環境づくりに勤しんでいたことをリー氏自らが証明してくれたのである。リー氏のいう多様性とは、英国への浸透工作を図る隠れ蓑《みの》だったのだ。

ソ連崩壊に始まり、トランプ氏の当選や英国のEU（欧州連合）離脱などを的中させてきたフランスの歴史人口学者、エマニュエル・トッド氏は「必要なのは多文化主義（や多様性）といったことではなく、同化主義である」（『週刊文春』2019年6月号）と語る。これは外国人労働者の受け入れを進める日本と日本人に向けて語った言葉だ。

もっとはっきり言えば、トッド氏は、日本人になりたくない中国人は日本に入れるなといっている。国籍で選別すると、「排外主義者」というレッテルを貼られる危険と隣り合わせになるのだが、移民政策で失敗したドイツなどの具体例を示しながら語っているので、いっていることには説得力がある。

今回の例でいえば、英国社会に溶け込んで英国人になろうとせず、中国共産党政権に忠誠を誓うリー氏のような人物を英国は受け入れるべきではないと語っているのだ。

英保守党の下院議員、イアン・スミス元党首は、ガーディナー氏らへの献金問題を「重大な懸念事項」だとして、リー氏を国外追放するよう求めたが、もっともである。

大学客員研究員や『USAトゥデイ』紙への出向、ワシントン特派員としての生活など計7年近く、米国に住んだ自分のささやかな経験で、移民国家の代表格である米国を語る上で一ついえることは、トッド氏の指摘通り、米社会が同化主義に根差しているという事実だ。

肌の色や髪の毛、目の色、母国語も違う人々が集まる米国は、欧州やアフリカ、アジアなど、それぞれがそれぞれのルーツを持つ。それはどこまでも尊重される。だが、ひとたび米国の地を踏み、そこで生まれた以上は、英語（米語）を話し、合衆国憲法、星条旗（国旗・国歌）への忠誠を誓わねばならぬのである。

特に幼児、小学生教育の現場を傍らでみていて感じたのは、情操教育のほか、「米国人」をつくるための教育を施《ほどこ》していることだ。米在住の外国人も例外ではない。

バイブル・ベルト地帯といわれるほど、プロテスタント系の教会が多い米南部テネシー州ナッシュビルの教会では、信徒から無料で英会話を習うことができる。というより、「米国に住む以上、英語が上手に話せなくてはダメよ。教えるから通いなさい」（知人の高齢女性）

という強引さに辟易《へきえき》したことがある。

反中に転じた豪州の意地

先進7カ国（G7）で中国による国会議員への具体的な政治工作が明らかになったのは、英国が初めてである。だが、英連邦のオーストラリアでは数年前、中国による活発な政治工作が発覚し、国を揺るがす一大スキャンダルとなっていた。

豪州政府の防諜機関「保安情報機構（ASIO）」のダンカン・ルイス長官は2018年5月24日の上下両院合同委員会の公聴会で、「中国による情報活動の規模は前代未聞で、わが国を攻撃する手段もさらに多く持っているというのが厳然たる事実だ。悪意ある内通者による活動は、国益に壊滅的な悪影響を与えかねない」と警鐘を鳴らしていた。

この翌月、豪州では外国のスパイ活動や内政干渉の阻止を目的とした内政干渉阻止法が成立したが、それはイラン系のサム・ダスティアリ元連邦上院議員の「功績」が大きい。彼こそ、獅子「親」中の虫だったのだから、もちろん、皮肉でいっている。

ダスティアリ氏は野党・労働党のエースで、南シナ海問題などで中国寄りの発言をし、地元メディアからも「議員バッジを付けた中国系スパイ」と書き立てられ、疑惑を追及されていた。結局、中国人富豪の黄向墨氏から賄賂《わいろ》を受け取り、公安情報を漏らした疑いにより、議員辞職に追い込まれた。公安情報を純粋な民間人に流すだろうか。中国・統戦部の関与が疑われる所以《ゆえん》だ。

例によって中国はこの時も「根拠のない想像の産物だ。豪メディアの報道は、中国への根拠のない攻撃であり、豪州に住む中国人を中傷した。この種の感情的な被害妄想は人種差別的な意識に基づいている。多文化社会という豪州のイメージを傷つけた」(中国共産党機関紙『人民日報』)とお約束の反論をした。

気付いたであろうか。ここでも英国でのリー氏と同様、中国は「多文化社会」「人種差別」を錦の御旗のごとく振りかざしている。中国による組織的な浸透工作が、「多文化社会の実現」という美名を隠れ蓑に進められていたのである。中国のいう「多文化共生」の本質は、「他文化強制」なのだ。

2　政界を侵食する中国のワナ

文春砲が狙った松下新平参院議員

英国や豪州で行われていた中国・統戦部絡みのマネートラップ（マネトラ、金銭的な罠《わな》）は見てきた通りだが、ハニートラップ（ハニトラ、色仕掛け）にかかっているのではないかと報じられたのが、自民党の松下新平参院議員だ（『週刊文春』2021年12月23日号）。

記事は《自民「大臣候補」が溺《おぼ》れる中国人秘書とカネ》というタイトルが躍り、《2年前から中国人女性を外交秘書に据え、親密な関係となった（略）》と報じられた。

松下氏は事実関係の確認を求める筆者の取材に対し、2月1日、松下新平事務所名で、「全くの事実無根であり、SNSでコメントを発し説明しているところです。また、同誌に対し、厳重に抗議を申し入れております。そして、改選を控えた大切な時期にこのような事実無根記事が掲載されたことに対し、毅然とした対応を検討しております。このような悪質な妨害に負けることなく真摯《しんし》な政治活動を全うして参ります」と電子メールで回答した。

メールには、2021年12月16日付で、文春記事について「本日発売された週刊文春にあたかも私が中国人秘書と親密な関係を持ち、また、中国人が多額のパーティー券を購入していたとする内容の記事が掲載されましたが、まったくの事実無根記事であり、同誌に対し、厳重な抗議をしたところです」などとする反論文も添付されていた。

さらに2020年10月14日、参院議員会館の会合案内の掲示板に「会議名　日中一帯一路促進会基調講演／主催者松下新平」と書かれた写真を、とある方から見せてもらったことがある。

一帯一路は「債務の罠」とも呼ばれる。途上国の返済が滞ると、港湾や電力施設など重要インフラを借金のかたとして取り上げ、陸路や海上ルートを抑えて軍事的な拠点化を図る高利貸しのような手法だ。

日本政府や自民党も、不透明さがあるとして、一帯一路とは慎重に距離をとっている中、国会内でそうした会議を堂々と主催しているというのだから、わが目を疑った。

松下氏はこの点についても、回答メールに添付された2021年12月16日付の文書で、「この会に出席しておりませんし、この団体との関わりもございません。元参院議員の依頼で予約のみを行いました」などと反論している。詳細を取材したわけではないので、ここは松下氏の言を信じるしかあるまい。ただ、文春記事にもあった12月2日の松下氏の政治資金パーティーには、筆者の知人も出席しており、こう語ってくれた。

「中国風の装飾やパフォーマンスなどの演出は控えていたせいか、盛り上がりに欠けていた。ただ、やたらと中国語が飛び交っていた」

マネトラやハニトラは一度でもその甘い蜜を吸うと、それが弱みとなり、脅《おど》しのネタになる。その気がなくても、偶然を装って巧妙に仕組まれた罠もある。政府や与党の要職にある人物は、手を替え品を替えて近づいてくる美人工作者に十分気を付けてもらいたい。

親中派ゾロゾロの石破支持者

中国は一議員だけを狙っているわけでない。自民党そのものも標的にしている。そういう意味で、2024年、自民党総裁選の陰の主役は中国共産党だったといえる。

世界中で傍若無人に振る舞い、日本には軍事的、経済的圧力を持って従属姿勢を求めてくる中国とどう対峙《たいじ》していくのか。執筆時点で、その点が厳しく問われていない。事実上の首相選びである総裁選がこのまま幕を閉じれば、将来に禍根《かこん》を残すことになる。

中国は今後、総裁選に立候補して多少なりとも箔《はく》をつけた形の議員らを政治的に利用し、自分たちに都合の良い情報の発信と利益誘導を図る企みを水面下でさらに強化するだろう。総裁選に出た自民党議員の言動を、これまで以上に注視していく必要がある。

見渡せば、媚中・親中議員ばかりが目につく総裁選だった。親族企業の日本端子（本社・神奈川県平塚市、河野二郎社長）が中国企業と深い関係にある河野太郎氏。日本端子への利益誘導が囁《ささや》かれる再生可能エネルギーをめぐり、内閣府の有識者会議の資料に中国企業のロゴマークが付いていていた問題も発覚した。

日中両国が揉めたとき、「国益より家業を優先するのではないか」（自民党議員）との懸念は、総裁選を通じても払拭《ふっしょく》されていない。

河野氏は外相時代の2018年1月下旬、訪中した際に格下の中国の華春瑩《かしゅんえい》報道官と顔を寄せ合ってツーショット写真を撮り、自らのツイッター（X）に掲載して悦に入っていた。

河野氏が媚中・親中派の西の横綱なら、日中貿易等の総元締めで「知中派」を自称する元日中友好議連会長の林芳正官房長官は東の横綱だ。

林氏は会見で、総理総裁になったら中国が尖閣諸島（沖縄県石垣市）周辺の日本の排他的経済水域（ＥＥＺ）内に設置した海上ブイの対応策を検討する関係閣僚会議を立ち上げると語った。中国に気兼ねして撤去しないといっているに等しい。首相として撤去を指示すればよいだけのことだ。訪中を繰り返し熱烈歓迎されてばかりいるとここまで堕落する、という悪しき見本だ。

２０２０年11月に来日した王毅《おうき》外相が日中外相会談後の共同記者会見で「尖閣は中国領」といい放ったのに、反論することもなく「シェイ、シェイ」と応じたのは茂木敏充前幹事長だ。あろうことか、尖閣諸島を売り渡すかのような謝礼の言葉を口にしたのである。総理総裁の器量でないことが白日の下にさらされた。あの時点で総理総裁を目指す資格は消えたと自覚すべきだ。

石破茂氏の支持者には親中派がゾロゾロいる。なかでも、推薦人に名を連ねた平将明《たいらまさあき》衆院議員は、日中の中小企業の交流を図ることを名目とした一般社団法人「日中発展協会」（河野太郎会長）という団体の副会長を務め、中国との交流に余念がない。

石破茂と自民党多数派は中国の片棒を担がされた？

石破氏の場合、中国側の片棒を担がされた疑いが浮上した。総裁選告示日の前日夜のことである。自民党本部が党員を対象に9月8日に実施したという世論調査結果が、永田町や霞が関の信頼できる関係筋に一斉にばらまかれた。

内容は、党員・党友約100万人のうち2126人を対象にした調査とされ、石破氏34・9ポイント、小泉進次郎元環境相23・2(同)、高市早苗前経済安全保障担当相15・9(同)というものだった。

不自然なのは一目瞭然だ。石破氏が他候補を圧倒して優勢であることを示す数字をはじき出していたためだ。2位小泉氏と3位高市氏の差も挽回不可能とみられるほど大きいものだった。

高市氏が2位に食い込めば、決選投票での逆転もあり得るが、この数字が示すメッセージは、「ワン・ツー・フィニッシュは石破、小泉の両氏であり、高市氏が決選投票に進む芽はないから、勝馬に乗り換えて高市支持をあきらめよ」と読めた。

自民党本部は公平性確保のため、総裁選での世論調査は過去に実施したことがない。筆者も長年、政治の現場で総裁選を取材してきたが、聞いたことがない。自民党選挙管理委員会の責任者も否定する根拠のない偽情報が告示日の前日に一斉に出てきた背景には、総裁選で主導権を握って流れをつくり、石破氏有利の展開に持ち込もうという「大きな力が働いている」（麻生太郎氏周辺）とみられた。

この程度の偽情報であれば、選挙の玄人《くろうと》ならずとも思いつく発想だ。見過ごせないのは、その発信力と訴求力である。偽情報を受け取った関係者らが信じてしまうほど、政官財界に広く情報を流すことができる勢力は限られている。筆者のところにも、複数の関係者から偽情報が寄せられた。

最初に考えられるのはマスコミである。偽情報の最終的な受け手が消費者だとすれば、生産者から仲卸業者を経由して最後に消費者の手に品物を届ける小売店のようなものだ。では、偽情報という商品を仲卸業者に卸した偽情報の生産者たる大元締めは誰なのか。石破氏の陣営が偽情報の発信源ではなかろう。そんな狡《こ》すっからいことはしないだろうし、する力もない。

見え隠れするのは、中国共産党中央統一戦線工作部（統戦部）の存在だ。というのも、日本国内における中国共産党の動向に詳しい知人の中国人も、この偽情報を11日夜、在京中国人コミュニティから手に入れていたからだ。ディスインフォメーションの震源について、日本の公安当局をもってしても、即座に突き止めるのは至難の業《わざ》だ。中国・武漢でコロナ患者の第1号を探し出すようなものだからだ。

中国の仕掛ける偽情報の散布などの認知戦については、内閣情報調査室が神経を尖《とが》らせている。別の公安当局者は、「今、懸命に出所と狙いを探っている。在京の華人・華僑で構成する中国人コミュニティに早くから偽情報が出回っていた事実に留意する必要がある」と語る。

3　米国が「石破降ろし」発動――“容疑者”となった岩屋毅外相

米司法が放った石破政権への直撃弾

公約の封印、茶碗の囚人持ち、口いっぱいに押し込んだおにぎり。国際会議でのスマホいじりや座ったまま各国首脳との握手……（※筆者注、「囚人持ち」とは、人差し指を内側にひっかける持ち方。刑務所の食器はステンレスで、ふつうに持つと熱いため、そう呼ばれることもある。）。

日本の憲政史上、最低最悪の政権として歴史に汚点を残しそうな石破茂内閣。その引き立て役になっているのが、岩屋毅《たけし》外相だ。何しろ、米司法省に起訴された中国企業トップが賄賂《わいろ》を渡していたと証言したのである。本人がどう否定しようが、名前が捜査線上に浮上した時点で、日本を代表する外務大臣としては「チェック・メイト（詰み）」である。

起訴したのは2024年6月である。石破政権下で国会論戦が本格化したタイミグで、中国企業のトップを起訴したことを発表した米政権の狙いは明らかだ。石破政権降ろしである。岩屋外相のスキャンダルで日本の世論を「反石破」に誘導し、外相どころか日本のトップを引きずり降ろそうとしているのではないか。LGBT法の成立を促すようラーム・エマニュエル米駐日大使が内政干渉したのは記憶に新しい。GHQ（連合国軍最高司令官総司令部）の昔から、日本に対する米国の内政干渉は珍しいことではないのである。

最近では、郵政民営化など、日本に対して規制改革を求めた年次改革要望書の存在や、古くは田中角栄元首相が米国の罠に嵌《は》められたとの見方がくすぶるロッキード事件をみるまでもなく、いまだに日本社会は米国の強い影響力の下にある（田中角栄に関しては5章で詳述）。

欧州諸国に比べて老獪《ろうかい》とはいい難い米国ではあるが、日本人を「12歳」（ダグラス・マッカーサー司令官）と例えた米国にとって、自国の国内法を使った日本への揺さぶりはお手のものである。同盟国日本の閣僚らがチャイナ・マネーに食い荒らされているとあっては、安全保障などに直結する重大情報がどこでどう漏れるか分かったものではない。石破政権の居座りを許せば次期トランプ政権の対中政策もままならない。米司法省が立件しようがしまいが、道義的な責任はつきまとうのだ。そんな真っ黒に近い人物がトランプ政権に相手されようはずがない。

米国だけではない。本人が否定して日本国民を煙に巻こうとしても国際社会は騙《だま》せないのだ。今後、どのツラ下げてG7外相会合などの国際会議や個別会談を行うというのか。中国やロシア、北朝鮮などの権威主義国家を念頭に、国際法や国際慣行の遵守《じゅんしゅ》を呼びかける立場の日本の外相に汚職にまみれた疑惑の目が向けられている。岩屋氏が外相ポストにとどまることは、目には見えなくとも、日本の外交、日本の国益に計り知れないダメージを与えることになる。

挙句の果てに、2024年12月、訪中した岩屋外相は、中国人の観光滞在証（ビザ）に関し、10年間繰り返し使用できる数次査証の新設などを表明した。自民党内で熟議していなかった。

岩屋氏は即刻辞任すべきだ。辞任しないのなら、石破首相が岩屋氏を解任すべきである。

石破首相は2020年の元日、鳥取市内で、カジノ汚職について、「国民に説明する場が裁判だけでいいはずがない。国会審議を通じて明らかにすべきだ」と記者団に語っていた。石破首相は岩屋外相の「次」は自分の番であると自覚すべきである。

岩屋氏にかかわる重大な問題をしっかり報じない大手メディアも同罪だ。国民に伝えるべきことを伝えないマスコミに存在価値はない。毎日、記者クラブに出勤して定例の会見を惰性でこなし、メモを上司にメールで送るだけのオールドメディアも無用である。

この際、元大手新聞社の記者だった経験から自戒と後輩たちへの愛を込めて記しておきたいことがある。

岩屋氏の一件だけではない。埼玉県川口市のクルド人の問題もそうなのだが、ベテランだろうが、若手だろうが、問題意識をもって取材せず、ジャーナリズムの矜持《きょうじ》を忘れて、ただネットサーフィンするだけの「コタツ記者」にペンを持つ資格はないと心得るべきである。

さて、米国発の事件の概要をみてみよう。米司法省は2024年11月18日、日本でのカジノを含む統合型リゾート施設（IR）事業を巡って、中国企業「500ドットコム（旧500社）」（現ビット・マイニング）の潘正明・元最高経営責任者（CEO）を海外腐敗行為防止法違反で起訴したと発表した。起訴は6月18日付だ。旧500社は、ニューヨーク証券取引所に上場しているため、米司法省が捜査していた。

旧500社は2001年に設立され、中国初のオンラインくじ購入モデルを開発し、13

年にはニューヨーク証券取引所に上場している。だが、中国国内で違法賭博に絡む規制強化の影響もあって業績は悪化し続けた。累積赤字は10億元（約156億円）を超えたとの報道がある一方で、会長がコロコロ交代し、法人登記を何度も変えるなど、実体のないペーパーカンパニーに近かった。スポーツくじはやったことがあっても、IR事業などとはまったく縁遠い存在だったのは確かなようだ。

米国のPRニュースワイヤーによると、2019年第3四半期の純利益は980万元（約1億5000万円）で、営業損失は1億3830万元（約21億円）となっている。日本法人は2017年10月に設立している。沖縄に最大3000億円、北海道留寿都《るすつ》村《むら》に1500億円の投資を計画していた。

潘被告は旧500社が日本でIRを開設するために、日本の国会議員らに賄賂を配るように指示したという。起訴状では、国会議員らの名前は伏せられている。事件は2019年12月に東京地検特捜部が秋元司元衆院議員らに強制捜査を行い、日本での捜査は終えている。

旧500社側は2017〜19年、潘被告が日本政府関係者への賄賂として約190万ドル（約2億9000万円）を支払うことに同意したことを認めたという。賄賂の目的は旧5

00社が日本でIR事業を開設するためだったという。

一方、日本におけるIR事件である。旧500社をめぐる汚職事件については、IR担当の内閣府副大臣だった秋元司元衆院議員（旧二階俊博派）が2017～18年に同社側から総額約760万円相当の賄賂を受領したとして収賄などの罪で起訴され、一、二審で懲役4年の実刑判決を受け上告中だ。秋元被告は証人を買収した容疑でも再逮捕されている。これはこれで、収賄と同等か、それ以上に悪質である。

旧500社側は東京地検特捜部の調べに対し、2020年1月に秋元被告のほか、衆院議員5人に現金を渡したと供述した。5人は自民党の岩屋外相、中村裕之衆院議員、船橋利実《としみつ》参院議員（当時は衆院議員）、宮崎政久衆院議員、日本維新の会の下地幹郎《しもじみきお》元衆院議員だ。下地氏は100万円を受け取ったことを認め、維新を除名処分となった。他の4人は受領を否定しており、日本での捜査は終結している。

留意すべきは、特捜部が立件しなかったからといって、必ずしも5人全員が「シロ」というわけではないことだ。ことは外国企業、それも安全保障上の懸念がある中国企業からの贈賄である。

贈収賄や脱税の場合、金額の大小によって、立件の可否を判断するケースがほとんどだ。

あまりに小さな額の立件と公判維持に時間と人員を割けば、より大きな悪を処断できなくなるためでもある。われわれ庶民にとっては、100万円も大金だが、もっと大きな金額が闇の中で動き、巨悪の懐《ふところ》に収まっている疑いもあるのだ。現に、それを許すまいと米司法省は潘正明を起訴し、司法取引を使って全容解明を急いでいる。

岩屋氏は2024年11月29日の記者会見で、米司法省の発表について、「すでに終わった話だと思う。中国企業から金銭を受け取った事実は断じてない。工作を受けたこともない。報道されている中国企業とは全く付き合いはない。ご指摘があったような嫌疑は晴れていると確信している」と語ったが、嫌疑はむしろ強まっている。

超党派のIR議連（国際観光産業振興議員連盟）の実質的な仕切り役である幹事長だった岩屋氏に向ける国際社会の目は厳しい。日本の政界も無責任である。与野党のベテランから中堅、若手議員らが名を連ねるため、いらぬ火の粉が降りかからぬよう、「触らぬ神に祟《たた》りなし」とばかり、IR事件に言及するのも及び腰だ。国民を置き去りにした〝静かなる与野党の結託〟である。

岩屋氏に関しては、旧500社側の供述で、中村氏に対し、岩屋氏の分を合わせて、計200万円を渡したと報じられた。岩屋氏は2020年1月、地元の大分県別府市で開いた記者会見で、「金銭を受け取った事実は断じてない」と真っ向から否定していた。17年8月に中村氏が北海道小樽市で開いた政治資金パーティーに出席し、その謝礼として同年10月に中村氏が代表を務める党支部から、岩屋氏が代表を務める党支部に100万円の寄付を受けたとしていた。

背後に中国国営「清華紫光集団」

北海道と沖縄県を舞台とした今回のＩＲ事件は、チャイナマネーによる政界汚染の一端を明るみにした。

そもそも、ＩＲ事業は安倍政権が成長戦略の柱と位置付けて国家規模で推進していた。そこに目をつけたのが潘正明ら中国企業だ。知名度のない政界の「三下」格である秋元被告らの一件は、巨大なジグゾーパズルの一部分に過ぎないのである。背景には、習近平国家主席が掲げる巨大経済圏構想「一帯一路」に日本を絡め取り、21世紀の冊封体制構築を夢想する中国の国家戦略が存在する。

小悪を捕らえて巨悪の逃げ切りを許せば、ほくそ笑むのは中国共産党政権と、それを手引きする面々である。中国風にいえば日本国内に巣くう漢奸《かんかん》だ。チャイナマネーの毒が回った政界には、残念ながら自浄作用は期待できない。情けないことだが、米司法省を外圧とし、こうした背景も含めた事件の全容を解明してもらうしかなさそうだ。

それにしてもなぜ、贈賄側は日米の捜査当局に対し、北海道や九州・沖縄選出の国会議員5人に資金提供したなどと、ぺらぺら供述しているのか。司法取引による捜査協力で罪を軽くする狙いがあろうが、それだけではあるまい。贈賄側の500社元顧問や日本法人の元役員らは実際に逮捕されているからだ。

バブル崩壊で旧富士、旧東海両銀行による不正融資事件や東京佐川急便事件が世の中を賑わせていた平成初期、筆者は警視庁で汚職や詐欺事件を追う捜査2課や組織暴力を扱う捜査4課を担当し、不眠不休に近い取材現場にどっぷりと浸かっていた。

そのときの経験でいえば、内偵段階で捜査協力し、逮捕を免れたと思っていた関係者が洗いざらい自供した後にお縄になるケースなど枚挙にいとまがなかった。警視庁も随分あこぎな捜査をしていたものだが、半面、容疑事実が重ければ、いくら捜査協力しても逮捕は免れるものではないことを教えてくれたものだ。

だから司法取引ではなく、沖縄と北海道留寿都村でのＩＲ構想頓挫《とんざ》を逆恨みした、贈賄側と収賄側による醜い内輪揉めが表面化したとみることもできよう。

あるいは意図しないところでＩＲ事業をめぐる中国による日本政界への工作が捜査当局の知るところとなり、慌てた贈賄側がトカゲの尻尾切りとばかりに収賄側を捜査当局に売り渡したのか。そうすることで、政界工作の本丸である大物議員や中国共産党の本当の狙いから世間の目をそらし、巨悪を逃がす獣道をお膳立てしたとみることもできる。

事件の背後に巣くう闇は、役に立たぬ三下ぞろいの収賄側ではなく、そのもっと奥の奥で息を潜める古参の親中派勢力にあるとみる。かたや贈賄側では、中国共産党という巨大な後ろ盾が存在する。

米司法省の起訴で裏付けられた日本政界への工作は、日本侵略を具体化する舞台装置が旧５００社であり、背後で資金提供していたのが清華紫光集団だということ。集団がハイテク技術を使って日本支配に乗り出そうとしていたこと。東京地検特捜部に続き、米司法省がその全体像を浮き彫りにしたともいえるのだ。

当時、旧５００社の筆頭株主は中国国有のＩＴ複合企業「清華紫光集団」で経営は盤石だとし、同社はホームページで「10年売上げなしでも生き残れる」と吹聴していた（２０１９年12月26日付／「産経新聞」朝刊）。華為技術（ファーウェイ）とも肩を並べる国家ぐるみの巨大ＩＴ企業である。

　習近平国家主席の母校でもある清華大グループの清華紫光集団は半導体やビッグデータ、ＡＩ、監視技術などを開発する中国屈指の有力企業である。中国政府の支援の下、外国から半導体技術を移転する取り組みの先頭に立つ。代表取締役の趙偉国《ちょういこく》氏は２０１５年に億万長者として報道された。

　清華紫光集団はこの年、１億２４００万ドル（約１５０億円）で５００社の株30％を取得し、筆頭株主となっている。清華紫光集団副総裁で旧５００社代表取締役だった張永紅氏は、中国メディアに対し、買収した理由について、「旧５００社のユーザーデータを重要視した。６０００人を超える登録ユーザーは非常に重要なデータだ」と述べている。

　清華紫光集団は２０１２年に経営破綻した半導体エルピーダメモリ（現マイクロメモリジャパン）の日本人の元社長、坂本幸雄氏が高級副総裁に就任していた。米中両国が５Ｇや宇宙、サイバー空間でハイテク戦争を繰り広げる中、あえて火中の栗を拾うのかと懸念する声がある中での転身だ。エルピーダは日立製作所やＮＥＣなどのＤＲＡＭ（半導体メモリ）事業を統合した会社だ。

　秋元被告が立件された日本版ＩＲ事件は、対中融和に前のめりで自ら冊封体制に入っていく日本の危険な振る舞いと、習氏を国賓として招く日本政府に対し、ＩＲ先進国で情報をふんだんに持つ米国が、特捜部への情報提供という形で警鐘を鳴らしたものだった。

清華紫光集団といった巨大ＩＴ企業は、華為技術と並んで米捜査機関の特別監視対象であることはいうまでもない。２０１８年、量産開始目前だったＤＲＡＭメーカー、福建省晋華集成電路が米国の制裁対象となり、事業が頓挫させられた。

半導体事業は、米中対立の大きな争点となっている。それだけではない。米国は２０１９国防権限法で、冷戦時代に共産圏への軍事技術等の輸出を禁じたＣＯＣＯＭの再現ともいわれるＥＣＲＡ（輸出管理改革法）を成立させている。21世紀版の新ＣＯＣＯＭだ。知的財産を平気で盗み、その技術で米国市場や軍事面で脅かしてきた先端技術を中国には決して渡さない、という米国の強い意思の現われである。

ＥＣＲＡの眼目は、再輸出にも網をかけているところだ。同盟国の日本が米国から技術輸入し、それを中国に再輸出しただけでもＥＣＲＡの制裁対象になり得るのである。大統領選が終わったあかつきには、中国にすり寄る日本企業に対し、米政府の強烈な制裁が待ち受けているかもしれない。

ＩＲ事業はトロイの木馬――先兵は「旧５００社」

中国によるＩＲ事業への参入は、清華紫光集団という資金源をバックに持つ旧５００社を先兵としたトロイの木馬だったのである。北海道と沖縄という、地政学上、日本のチョーク・ポイントである要衝に橋頭堡《きょうとうほ》をつくり、人とカネを送り込んで浸食していく侵略方法である。

インターネットサービスを中国で運営する国内外の企業は、民間国営を問わず、政府にデータを提供できるよう義務付けている。まさにそこが狙い目なのだ。中国国家インターネット情報弁公室はデータ管理に関する規則を公表した中で、ネットサービスの運営者が国外にデータを移動する前に、監督部門の同意が必要とした。

ＩＲ施設のカジノに来る日本のＶＩＰや一般人、外国からの観光客はすべて、顔認証システムなどによって個人の生体情報、そこから派生する各種クレジットカードや通院歴、持病まで、あらゆる情報が中国公安当局に筒抜けになってしまうのである。

文化的には孔子学院と中国中央電子台（ＣＣＴＶ）、経済面ではＩＲや大型クルーズ船の寄港地づくりと、中国共産党は重層的かつ多角的なあらゆる手法で日本への浸透を図っている。

さて、自民党二階派に所属していた秋元容疑者だが、親分筋の二階俊博幹事長は政界きっての親中・媚中派である。2015年5月、二階氏は国会議員や財界人3000人を引き連れて訪中している。2019年4月には安倍晋三首相の特使として訪中し、習近平国家主席と会談した。

二階氏は会談後、記者団に対し、「今後も互いに協力し合って（一帯一路を）進めていく。米国の顔色をうかがって日中の問題を考えていくものではない」と語っている。米国では、親中派をパンダハガー（パンダに抱きつく者、親中派）と呼ぶ。二階氏の地元、和歌山県南紀白浜のテーマパーク「アドベンチャーワールド」にパンダが今もたくさんいるのは、二階氏の「中国愛」がなせる技だろう。

危なかった北海道

ＩＲは統合型リゾート施設といわれる通り、カジノを収益の中核として、国際会議場やホテル、ショッピングモールなどを一体整備する巨大集客施設だ。

北海道では、道と釧路《くしろ》、苫小牧《とまこまい》両市が連携し、苫小牧へのIR誘致を模索していたが、北海道が断念した。旧500社や秋元容疑者が蠢《うごめ》いた留寿都村IRに道の支持はなく、そもそも実現の可能性は低かった。苫小牧IR事業への参入を表明していたのは、米先住民族系のハードロックカフェ、モヒガン、ラッシュ・ストリート、クレアベストだ。

気をつけねばならぬのは、苫小牧市が公表していない外資系企業の中に、中国系企業が含まれていた可能性だ。仮に中国系企業がIRの運営を任された場合、「人民解放軍属を含む2万人の中国人が移住し、人口減少が進む街が乗っ取られる」（苫小牧市関係者）との懸念の声が上がっていた。

目の届きにくい北海道や沖縄といった離島の中でも、さらにその柔らかい下腹部ともいえる太平洋に面した北海道の胆振《いぶり》地方は、中国が租界のような拠点を構えるにはもってこいの場所であろう。

洞爺湖《とうやこ》から東の苫小牧に連なる一体は、風光明媚な観光資源に恵まれているだけでなく、中国が目指すタテ軸版の「氷上の一帯一路」と呼ばれる中継拠点としてうってつけなのである。北朝鮮から租借した日本海に面する清津《チョンジン》や羅津《ラジン》両港を起点に、津軽海峡を抜け、苫小牧、釧路、ベーリング海を抜ける北極海航路の確保が可能なのだ。

苫小牧は政府専用機を運用する航空自衛隊の基地がある新千歳空港にも近く、中国からみれば日本の北の空と海を制圧するのに格好の場所である。

2019年10月には王岐山《おうきざん》国家副主席、2018年5月には李克強首相が生前、来日時にわざわざ北海道を訪れ、洞爺湖周辺を観光という名の下見をしている。実現はしなかったから良かったのだが、当時の安倍政権が国賓として招く予定だった習近平国家主席が来日し、北海道を訪問していたとすれば、中国資本による土地の爆買いが進む北海道侵略の第一幕が完結するところだったのである。

IR事件が突き付けたのは、危ういわが国の将来なのである。東京地検特捜部から立件こそされなかったが、米司法省の捜査で名前が再度浮上している疑惑の岩屋外相。そんな外相とこれを庇《かば》う首相を抱いた日本国民こそ、いい迷惑である。

外交や安全保障は一度、舵取りを失敗したら元に戻すことは不可能である。これ以上、国益を損ねることは許されない。石破茂首相と岩屋毅外相の2人には、一国民として、表舞台からの退場を宣告したい。

4　自民党内に入り込む「なりすまし」

華僑・華人が自民党員に

総裁候補が媚中・親中派ばかりであることも問題だが、それ以上に深刻なのは、総裁選の投票権を持つ自民党の党員・党友への華人（日本国籍を取得した在日中国人）や華僑（中国籍の日本在住者）による「なりすまし」への懸念が払拭されていないことである。

自民党は入党資格を「満18歳以上の日本国籍を有する者」としている。だが、実態は身分証明書の提示すら求めないケースがほとんどだ。知人の自民党県連関係者は、「戸籍謄本やパスポートの提示、官報の確認をやっているわけでもなく、ほぼノーチェック」と打ち明ける。

入党時は本人ではなく、紹介者が入党手続きを代行する仕組みになっていることも、党員資格の不透明さに拍車をかけているという。

党員どころか、国会議員ですら国籍や出自を明らかにしているケースは稀《まれ》で、野党幹部はもちろん、自民党にも相当数の帰化日本人がいるのは公然の事実だ。台湾有事などで、恫喝《どうかつ》や懐柔工作で北京の指示に従いかねない帰化自民党員や自民党員になりすました華人や華僑も少なくないとみられる。短期間による党員拡大のため、事務手続きの煩雑《はんざつ》化を避けたことが裏目に出てはいないか。

日本国籍を取得した華人であっても、「心は中国」という人は少なくない。後述する米ニューヨークの中国人女スパイのように、移民先の国に帰化しても、北京の命令一下、祖国に忠誠を尽くそうとするメンタリティーの持ち主が少なくないことに留意すべきである。

中国による政界への介入工作は、党員になりすますほか、自民党の派閥パーティー券（パー券）の購入にも及んでいる。

岸田文雄前首相が所属していた宏池会は、2019、22、23年の5月に「宏池会と語る会」という政治資金パーティーを開き、多数の中国人団体、個人が参加していたことが、中国系メディアの動画などで判明している。それによると、1人2万円で参加できるこのパーティーの主たるスポンサーは中国人団体だった。

金は出すが、口は出さない——という奇特な中国人団体、個人などいるはずもない。実際、名古屋から参加した中国人団体の女性代表は登壇してあいさつした。このときは、自分の会社をPRしただけだった。

だが、自民党派閥の高額スポンサーとなった中国側が、日本の外交や安全保障政策など国の根幹を揺るがす問題で、中国にとって都合の良い方向に事態が展開するよう圧力をかけない保証はない。

別のいい方をすれば、尖閣諸島など中国側のいう「敏感な問題」について、中国の思惑通り茂木氏に続けとばかり「シェイ、シェイ」といわせようと企んでもおかしくない。

パー券をめぐっては、自民党派閥の「裏金」問題を機に購入者の公開基準額が20万円超から5万円超に引き下げられたが、問題はそこではない。外国人からの献金は違法なのに、パー券の販売は問題ないとする現行法の二重基準《ダブルスタンダード》である。これが外国勢力による資金提供の温床になっている。政治資金規正法は、政界への海外からの影響工作を防ぐ観点から外国人・外国法人の寄付を禁じている。ならば、外国人によるパー券購入も違法とすべきである。

強調したいのは、中国によるSNSや偽情報を駆使した認知戦による選挙などへの直接・間接の介入と、軍事力などを使った心理的な攪乱《かくらん》工作を警戒すべきということだ。

民主主義国の脆弱《ぜいじゃく》な部分を攻めるのは、全体主義国家の常道だ。孫子の兵法第12計「順《じゅん》手牽羊《しゅけんよう》」を地で行く策略である。その心は、どんな小さな隙でもそれを発見したら、自らの利益になるよう付け込むべし――という教えである。

権力の移行期には必ずといってよいほど、中国やロシアのような権威主義国家があの手この手で揺さぶりを仕掛けてくる。

情報収集を目的とした中国の大型軍用機が２０２４年８月26日、長崎県男女《だんじょ》群島の領空を初めて侵犯した。中国籍の男は８月19日、「尖閣は中国領だ。南京大虐殺を忘れるな。慰安婦を忘れるな」などと妄言《もうげん》を吐き、公共放送であるＮＨＫを乗っ取った。靖國神社に落書きをした男も無事帰国させている。

９月18日には中国・深圳《しんせん》で、日本人男児が男に刺されて死亡した。満洲事変勃発《ぼっぱつ》の日で、中国当局が抗日を喧伝《けんでん》する最中に起きた日本人へのヘイトの可能性がある。すべては岸田氏が総裁選への立候補断念を明らかにした後の自民党総裁選の動きと軌を一にしたタイミングで起きている。

ロシアも２０２４年９月初め、プーチン大統領がモンゴル訪問後に北方領土に強行上陸するという情報を発信して日本側を揺さぶった。

フィリピン市長になった中国女

国外に目を転じれば、中国による組織的な政界の乗っ取り工作は枚挙にいとまがない。

２０２４年９月、フィリピンの首都マニラ近郊の市長に就任していた中国の女スパイ、アリス・グォが、逃亡先のインドネシアの首都ジャカルタ郊外で現地捜査当局に身柄を拘束された。実在のフィリピン人になりすまして市長になった「背乗り」だった。

６月末、市長の指紋が別の中国人女性のものと一致したことを比捜査当局が突き止めた。グォは２００３年にフィリピンに入国しており、旅券には「１９９０年に福建省生まれ」と記されていた。

マルコス大統領は、対外工作を主任務とする中国共産党の統戦部がグォを使ってフィリピン政界への介入・浸透を狙っていた疑いがあるとみて、本格捜査を指示していた。

米東部ニューヨーク州では２０２４年９月、キャシー・ホークル州知事の補佐官を務めるなど知事の元側近だったリンダ・サンが中国のスパイだったことがわかり、米司法当局が外国代理人登録法違反や資金洗浄などの罪で夫のクリス・フーとともに、起訴する事件があった。

サンは、州政府で働きながら、中国共産党の秘密の代理人として、台湾当局の代表が州高官と接触するのを妨害したほか、中共に有利に働くよう、州高官の声明を改竄《かいざん》するなどしていた。見返りにサン夫婦は、中共から高級不動産や高級車をあてがわれていた。

翻《ひるがえ》って日本はどうか。自民党議員の多くがチャイナマネーと在京中国大使館の執拗《しつよう》な恫喝というアメとムチに操られ、偽りの「日中友好」にうつつを抜かしている。その汚染の度合いは、米国やフィリピンとは比べようがないほど進んでいるとみるべきだ。

中国の狙いは、中央政界への工作を突破口にした日本弱体化の「頂上作戦」であり、華夷秩序の底辺を支える二流国家として日本を冊封体制に組み込むことである。

かくなる上は、媚中・親中議員に選挙の洗礼を浴びせるしか日本政界再生の道はあるまい。主権者の意識改革が求められる。

5　武力を使わない〝隠れた侵略〟が

拡大する認知戦

さらに日本では〝隠れた侵略〟ともいうべき、武力を使わない攻撃を中国から仕掛けられている。

近隣の友邦国として、台湾有事の当事者となり得る日本人の洗脳を狙ったSNSの拡散だ。日本国内の内部対立を引き起こす目的で、日本人ネットユーザーをターゲットに、「コンテンツファーム」（プロパガンダ〈政治宣伝〉のために低品質のコンテンツを量産するウェブサイトや関連物）と呼ばれる〝認知ウイルス〟を使った洗脳工作を展開しているのだ。

世にいう「認知戦（Cognitive Warfare）」である。認知戦は、相手をマインドコントロールすることを目的とした戦術で、その歴史は古い。

だが近年、ＡＩ（人工知能）の発達で、偽情報や宣伝動画のレベルが各段に上がっており、瞬時には真偽の見分けがつきにくく、巧妙化しているのが特徴だ。

台湾併呑《へいどん》を目論む中国人民解放軍は武力行使の前段階として、台湾や米国、日本などに向けて偽情報を発信し、世論の分断や動揺を誘う戦術に腐心《ふしん》している。

さっそく、具体例をみてみよう。大東亜戦争終戦の日が近づく２０２４年8月、ＳＮＳのフェイスブック（ＦＢ）に反戦ムードを煽るショート動画が断続的に掲載された。

ＢＧＭは、手嶌葵《てしまあおい》が歌う『明日への手紙』で、いかにもお涙頂戴風のつくりになっている。素晴らしい曲だけに、陳腐な動画に使用されて不快感を覚える。著作権はどうなっているのか気になるところでもある。

タイトル　感動　神風特攻隊の名言「妻を頼みます」　享年ニ28際（原文ママ）　46秒

「お母さん、お元気ですか。この28年間は夢のようでした。お母さんの苦労と辛抱をいつも心に留めています。だから、今日この日を勇んで向かいます。静子の事は、大変お世話になりました。今日までこられたのも全て、お父さんとお母さんのお陰です。心から感謝しています。静子のことは、これからもお母さんにお願いします。正式な式を挙げられなかったこと、二人で一度、故郷に帰りたかったこと、それが叶わなかったのが、残念です。突然、一人ぼっちになる静子が心配です。静子のことは、どうかお母さん、よろしくお願いします。最後に、いつまでもお元気で、静子を頼みましたー」

不自然動画に「イイね」を連発する日本人

どうだろうか——。突っ込みどころ満載である。特攻隊員らの遺書を何度も目にし、読んだことのある筆者ならずとも、遺言が不自然であると思った方々は少なくなかろう。

にもかかわらず、「イイね」を押した人が853人、拡散を意味する「シェア」した人が50人にも上る。

「『静子を頼みます』享年28際」(原文ママ)

動画は、#泣ける話　#名言　#雑学というハッシュタグを付けることで、同じトピックに関心のあるユーザーに投稿を見てもらおうと拡散を図っている。

制作者の意図は一見すると、特攻隊員や出征兵の苦悩を描くことで、見る者の涙を誘い、「平和の尊さをともにかみしめてほしい」というメッセージであるかのように映る。

しかし、動画に隠された本当の狙いや思惑は別のところにある。現代の日本人に対し、戦前の軍国主義への反省を促しながら、台湾有事を念頭に反戦や厭戦《えんせん》意識を刷り込み、中国軍による台湾併呑への無抵抗意識を醸成《じょうせい》するよう世論を誘導することにあるのだ。

そう疑念を深めざるを得ないのは、動画に出てくる特攻隊員や出征兵の軍服、中華風の祭壇、靖國神社の絵柄が本物とは似ても似つかぬ〝まがいもの〟で、およそ日本人が作成したとは思えない代物だからだ。

あまりに怪しいため、フェイスブックの仕組みで発信元を調べると案の定、香港だった。中国人が抱いている日本のイメージに沿ったデータをコンピュータに打ち込み、ＡＩに作成させたようだ。

中国ではＹｏｕＴｕｂｅやフェイスブックなどのＳＮＳが使えないため、解放軍は使用可能な香港から発信しているとみられる。

中国共産党政権にとって〝不都合な〟情報の流入を阻止するための措置だが、香港で使用可能としているのは、西側向けのプロパガンダ作成の手段を残しておく必要性があるとの判断からだろう。

動画では、特攻隊員の死に別れた花嫁が芸者風の格好だったり、零式戦闘機（ゼロ戦）の塗装が米国風にナンバリングされている。

挿絵がまがいものであることは明らかなのだが、それでも「イイね」をする日本人が多いことを思うと笑うに笑えない。制作者側の〝黒い意図〟に気づかず騙される日本人が多いからだ。

中国人民解放軍の認知戦（洗脳工作）である疑いが濃厚であるにもかかわらず、日本人が純真無垢な乙女のように「イイね」を押し、高評価のコメント付きで拡散しているから困ったものだ。

フェイスブックの場合、筆者の「友人」や「共通の友人」といった人々が「イイね」を連発したり、シェアという形で拡散したりしている。こういう「友人」たちは、日ごろ政治家の靖國神社参拝を支持したり、選択的夫婦別姓に反対するなど、保守的な考えを発信している。

だからこそ、問題の根は深いのだ。保守的で、どちらかというと中国共産党が嫌いで反中姿勢をみせる人々をターゲットにした、制作者側の意図にまんまと乗せられ、洗脳されているからだ。さて、この動画を投稿した「暇つぶし」(フォロワー数1万1000人)というコミュニティの管理者情報を調べると、発信元は共同管理で香港に7人いる。

フォロワーとは、特定のユーザーのアカウントをフォローしているユーザーを指す。フォローすると、そのアカウントの投稿がタイムラインやフィードに表示される。

香港はひと昔前の自由な香港ではない。中国本土と違ってフェイスブックなどのSNSを使用できるとはいえ、英国との国際条約である一国二制度を踏みにじられ、中国に併呑された香港である。

中国人民解放軍による「黒い意図」を察した筆者は、警戒を促す目的で、発信元が香港であることを示す写メを貼り付け、以下の文章を投稿した。

「みなさん、騙されないでください。中国人から見た日本のイメージ映像と思われます。これは特攻隊員という日本人の琴線《きんせん》に触れる話を悪用し、日本人に反戦・無抵抗意識を植え込む中国人民解放軍による認知戦の疑いが濃厚です。若者にヒットした映画『あの花が咲く丘で、君とまた出会えたら。』に便乗した洗脳工作の一環とみられます。軍服も航空機のデザインも、葬式の祭壇もデタラメ。28歳という高齢での特攻出撃は一部の例外を除いてほとんどありません。日本語もデタラメ。享年に『歳』はつけません。『際』の字も間違い。最後のセリフ、静子を頼みましたーも不自然な日本語です」

安っぽい動画に騙される情けない面々

これに対し、次のようなツイートがあった。

「いつまで続けるんですか？　このシリーズは？　だから、軍服含め皇国軍じゃないんですって!!　デタラメ過ぎませんか？」「中国人の宣伝工作ですから」「28際？　最後の『頼みましたー』も日本語おかしくない？」「は〜っ？？？？28際？？？　気持ち悪く、デタラメなＡＩ画像。日本国、日本人、英霊たちを、侮辱して

「『最愛の妻へ』僕は靖国で、君のことをずっと待っているよ」
グループ「暇つぶし」による投稿。投稿者は靖國神社を参拝どころか、見たことがないのだろう。まったくの別物だが、たくさんの「イイね」がついている

います。反日の何人かが作っているんでしょうねぇ。酷すぎます」「侵略戦争はすでに始まっています。ボケ〜〜〜としててんじゃねよ！」「何が狙いなのか〜日本の兵隊さんは戦争の犠牲者だから〜中○？　の精神攻撃です」「香港製の程度の悪い動画です。中共のプロパガンダの可能性も出てきますね。みなさん、見ない方がいいでしょう」

筆者の投稿も少しは役に立ったのか。この動画が中国人民解放軍による認知戦の一種であることを理解してもらえるようになってきた。

しかし、いまだに「なんで戦争するんやろな。なんで人間同士が殺し合いせなアカンのや」とか、「戦争に行かないで」などのほかに、「早速シェアさせて頂きます！」といった投稿もみられた。「暇つぶし」によるこれらの偽動画は、4月22日以降、9月12日までの投稿が全て削除されていた。筆者による注意喚起を呼びかける投稿が奏功したのなら幸いだ。

筆者が警告を発する前は、これと似た動画とそれに騙された人の好い日本人による投稿が掲載された。

タイトル「一緒に居たかった」　享年26歳（ママ）

「キヨコ、あなたは世界で一番素晴らしい妻だと思っています。苦労を掛け、面倒をみてくれたこと。私が何も返せなかったことに申し訳なく思っています。短い期間だったけれど、大切な時間でした。あなたは私の親にも親孝行をしてくれ、私の分まで尽くしてくれました。もし私に会いたくなったら、空を見て、飛行機を見て、軍艦旗を見てください。私はそこに生きています。結婚のすべての手続きは、6月12日にすでに完了しています。どうか、私の後を頼みます。私が出来なかった事も、キヨコになら出来るはずです。後ろ髪を引かれる事もなく、安心して出征出来ることに感謝しています。最愛のキヨコ、いつもあなたを見守っています。本当にありがとうございました」

「『妹へ』享年20際」
皇軍とは似ても似つかぬ軍帽。論評するのも憚(はばか)られるほどのフェイク映像

この動画に「イイね」を押した人は648人、「シェア」した人は32人いた。以下は、動画に付けられたコメントの一部である。

「何の為にあんな地獄の訓練を予科練でして、死ぬことになるんだろ。突撃するときにモールス信号を送るんだけど、ほんと切ない」「いやはや、戦争は無理です。あの時代は、日本のために、そうだったのかもしれません。これからは自分のために生きてほしい。戦争反対」どうだろうか。おしなべて、「戦争反対」「かわいそう」のオンパレードである。静子だの、キヨコだのと、安っぽい動画に騙される面々は後を絶たないのである。

壮年層を狙った「昭和レトロ」に罠がある

動画の多くは、芸能やスポーツ、ラーメン好きや特撮ヒーローや怪獣もの、昭和レトロなどの趣味嗜好が同じようなネット住民を集めたグループ内で発信されているのが特徴だ。そのすべてが香港発で危険だといっているわけではないが、「昭和」を謳《うた》い、郷愁を誘う世代をターゲットにしたコミュニティに特攻隊などの動画を紛《まぎ》れ込ませていた。十分に気をつける必要がある。

発信される内容の多くは、タイトル通りのものがほとんどだ。昔懐かしいヒーローの写真や悪役ながら人気のあった宇宙怪獣などのほか、芸能人の若いころの写真を掲載して誰であるかを当てさせたりと、他愛のないものが多い。

気をつけねばならないのは、中共軍が狙う「サブリミナル効果」だ。特攻隊員などに関する動画は十数回に一度の頻度で挿入され、戦前日本の〝軍国主義〟への怒りや憎悪を呼び覚ます狙いがうかがえる。

「サブリミナル効果」とは、視覚や聴覚などの潜在意識に訴えて目的の達成を図る心理用語だ。テレビコマーシャル映像の中にほんの一瞬、視聴者が気づかない程度に「買うんだ、買え、買え」などのメッセージを入れ、視聴者の無意識に働きかけて購買欲を煽るという手法だ。

米国では「サブリミナル効果」が大衆をマインドコントロールする弊害が大きいとして社会問題化した1970年代半ば、日本ではNHKや民放がそれぞれの番組放送基準を定め、禁止されている。

中共軍はフェイスブックを使って、いわば堂々と動画や写真を挿入し、反戦・厭戦ムードに日本人を誘導しているのだ。「サブリミナル効果」に似ているが、可視化できる分、より直接的であるともいえる。筆者が首を傾《かし》げたフェイスブックのコミュニティは、「暇つぶし」のほか、「昭和を忘れないでください」「思い出深い昔の美人さん」「時は昭和」などがある。いずれも2024年10月2日にフェイスブックのアプリ「メッセンジャー」を通して取材協力を求めたが、返事はなかった。

特攻隊員だけではなく、日本の〝少数民族〟にスポットを当てた動画もある。「日本国内の少数民族を忘れるな」という趣旨で、古いアイヌの人々の写真などを掲載したコンテンツだ。

日本政府はアイヌの人々を２０１９年に成立した「アイヌ施策推進法」で、「日本列島北部周辺、とりわけ北海道の先住民族」と明記した。

政府見解の妥当性については、アカデミアを含めて異論も根強い。ここでは、日本国民の世論分断工作を論じるため、日本政府の見解についての評価は行わない。

問題なのは、アイヌのほか、日本政府も認めていない「琉球民族」や少数集団で山間部を放浪していた「サンカ族」、挙句の果てには、海上で漂流しながら暮らす「家船《えぶね》民族」などを「日本に実在する少数民族・先住民」などとして写真を掲載していることだ。これは、「昭和感あり」というコミュニティにあるのだが、管理者の居住地情報はない。樺太《からふと》にいた「ウィルタ族」も日本国内にいる「謎の少数民族」などと紹介している。このコミュニティは、「昭和を忘れないでください」だ。アイヌはともかく、存在しない「少数民族」をでっちあげることで、日本の分断工作を狙った投稿であることは間違いない。

いずれのコミュニティに対しても、特攻隊のデタラメ動画をフェイスブックにアップした「暇つぶし」と同様、期限を切ってメッセンジャーで質問状を出したが回答はなく、当該写真の多数が削除されている。

日本社会の混乱を狙う中国人民解放軍

中国人民解放軍による認知戦の目的は、大きく分けて、

①日本政府への攻撃
②中国共産党の擁護
③日本社会の混乱

がある。

これらの目的を達成するため、「(日本国内の)内部対立の醸成や人々の怒りの扇動、分割と統治を狙ったアプローチを採用している」(『The Officer Review』誌2023年7～8月号、Ya-Chi Huang台湾陸軍少佐著)。

さしずめ、特攻隊員の遺書に関するものは、若者を死地に追いやった当時の日本政府に

対し、閲覧した日本人ユーザーの怒りの矛先を向けさせるための攻撃とみられる。

アイヌはともかく、ありもしない〝少数民族〟をでっちあげ、ユーザーの共感を誘う手口は、日本社会の混乱を狙ったものであろう。

中国ではこれまで、偽情報の拡散や中国に敵対的な国内外の影響力を持ったインフルエンサーを無力化するために、偽情報や個人攻撃などの投稿一本につき5毛（5角＝0・5元を口語でこう呼ぶ）を支給する「五毛党」が知られている。五毛党の多くは学生などのアルバイトが主流だった。それがコロナ禍以降、ネット使用者が急増するのに合わせて中国人民解放軍はサイバー部隊のほかに、一般市民を対象にした洗脳工作に力を入れ、五毛党組織を準正規軍に格上げした模様だ。

主なターゲットは台湾の一般市民であったが、最近では日本人を対象とした攻撃が目立つ。新型コロナウイルスが次々に変異するのと同じように、中国の〝認知ウイルス〟も次々と変異しているのである。

ならばコロナの変異株に合わせてワクチンの開発を進めたように、日本政府は中国軍による〝認知ウイルス〟への抵抗力を強める国民の意識改革と洗脳を阻止するPR活動に力を入れる必要がある。

中国軍による認知ウイルスの矢面《やおもて》に立ってきた台湾では、中国に攻め込まれても「米軍は助けにこない」とか、「日本政府も台湾側に立って動かない」などの偽情報を即座に明らかにするため、台湾国防部のウェブサイトに偽情報を公開する項目が設けられている。また、偽情報が特定されるたびに各種ＳＮＳ上でその内容を公開している（台湾陸軍少佐）。

中国からの硬軟織り交ぜた圧力に対峙してきた台湾人に比べ、中国に住む日本人の男児が殺されても、「日中友好」の幻想に騙され、「中国建国75年」を祝う政財界をはじめとする日本人に危機感はまるでない。

それが稚拙《ちせつ》な動画であっても、中国軍の認知戦によって容易に洗脳されることは目に見えている。日本政府は、認知戦の実態について、国民への周知と対策に本腰を入れて取り組まねばならない。

6 〝役に立つバカ〟を日本国内に増やす

増える在日中国人

ほかにも日本国内でのリスクがある。

まずしっかり考えなければならないのが、中国人が日本で増え続けていることの意味合いだ。こういうと、国籍差別だといって揚げ足をとる向きも出てきそうだから、誤解されぬようあらかじめ申し添えておく。

中国人排除の論理を振りかざして日本に住む彼らの居心地を悪くしようなどとは微塵《みじん》も思っていない。多くの中国人は納税もする善良な市民であることは論を俟《ま》たない。

ただ、中国共産党には伝統的な移民戦略があり、友好親善の美名だけでは済まない安全保障上のリスクがあることを広く日本国民で共有してもらいたいのである。

出入国在留管理庁によると、2024年末現在、日本に住む中国人は外国人の中でも最も多く、約84万4187人いる。10年前の約65万人に比べ、12万人以上増えている。このうち約54万人が東京都内に住んでいる。少子高齢化で労働力不足に悩む日本の製造業や農業などの需要に応え、日本政府は労働力予備軍としての留学生や技能実習生、日本での永住を可能とする特定技能労働者を増やす方針に舵を切っている。

入管当局など関係者によると、コロナ禍のときには来日者数は足踏みを続けたが、日本政府の動きに歩調を合わせるかのように、コロナ収束を機に日本への留学や就労、移住希望者が増えているという。米国やカナダ、オーストラリアといった中国人受けの良い移民大国がビザ発給を厳しくし、行き場を失った中国人らが手っ取り早い移住先として、地理的にも近い日本を目指しているらしい。

こうした中、早稲田大学は中国人留学生を積極的に受け入れていく考えを示している。早大に在籍する外国人留学生は約5500人で日本の大学の中で最も多く、このうち中国人留学生は約3400人に上る。

中国関連の日本語ニュースサイト「レコード・チャイナ」(2024年4月24日付)によると、香港メディアの「亜洲週刊」の東京支局長が最近、早大の笠原博徳副総長にインタビューしている。笠原氏は「早大は100年以上前に清朝期の中国からの留学生を受け入れた。1980年代から中国の改革開放が本格化するにつれ、早大に留学する中国人はますます増えた。早大が大量の中国人留学生を受け入れてきた歴史を踏まえて、今後も学問の独立と学問の活用をともに堅持していく」と語ったという。

受け皿があるからこそ、中国人留学生が増えていく。欧米では文化的・政治的侵略拠点として閉鎖が相次ぐ孔子学院が早大にはあり、大隈庭園には立派な2メートル以上はある孔子像まで安置されている。知的財産の流出、頭脳狩りともいわれる千人計画などへの警戒が叫ばれている中で、何とも悠長である。

笠原氏のいっていることはもっともらしいが、要は少子化で一定レベル以上の学力を持った日本人学生を集めにくくなっているため、中国人留学生を受け入れることで、経営を成り立たせようという安易な学校運営の発想がそこにあろう。

党に忠誠を誓う秘密の「誓約書」

特にどこまでお人好しで脇が甘いのか、といいたくなる。東京大学をはじめとする日本の大学のことだ。

中国共産党への忠誠を誓わせる秘密の契約書「忠誠の誓約」に署名した中国人留学生を多数迎え入れている。

一人二人でも問題だが、留学希望者の多さを勘案すれば、「たまたま見過ごしてしまった個別の案件」という理由が立たなくもない。

だが、大量の入学、在籍となれば話は別だ。なぜなら、中国政府が台湾有事などで、「ヒト・モノ・カネ」を強制的に徴用する国防動員法を発令した場合、安全保障上の懸念が顕在化するためだ。

「忠誠の誓約」に署名し、党が支出する奨学金を受け取った中国人留学生は、中国共産党の協力者であり、工作員なのである。党から金を受け取ることの意味。日本人はそれが理解できないため「日中学術交流」などの美名に騙される大学が後を絶たない。

そこには「学問の自由」という大学のレゾンデートル（存在意義）を自ら否定することへの危機感はみられず、知的財産の流出など経済安全保障管理に対する問題意識も希薄だ。

一方、欧米の大学では、留学生を工作員に仕立て挙げる中国共産党の浸透工作を拒否する大学が相次いでいる。スウェーデン、ドイツ、デンマーク、オランダ、米国……。この違いはいったい、何なのか。

日本の公安当局者は筆者に対して、「中国人留学生が奨学金欲しさに中国共産党のいいなりになっている。そんな学生が日本の大学に続々とやってくるのは問題だ」と警鐘を鳴らす。

中国人留学生の学費や生活費を中国政府が出すのだから、日本の大学側も「節約になる」というソロバン勘定が働くのだろう。だがそれは、中国共産党による「大学の買収」にほかならない。

筆者の手元には、中国当局が発行した複数の公開公文書がある。これは年度ごとに公表されている資料の一部で、中国公費留学生制度が始まった2007年版と2020年版だ。

この制度は、中国教育省が運営し、世界中の大学と国際学術交流を支援する「China Scholarship Council（CSC、中国国家留学基金管理委員会）」と呼ばれる。

CSCは、中国政府がハイレベルの大学事業として、2007〜2011年の5年間に毎年5000人の大学院生を国費で海外留学に派遣してきた制度である。中国国内の重点大学49校を指定して学生を選抜し、海外の一流大学へ派遣してきた。

留学生は、おもに博士課程に進む高学歴の学生だ。研究分野は、エネルギー、資源、環境、農業、製造、情報などの基幹部のほか、軍、海洋、ナノテクノロジー、新材料などの戦略領域、人文・社会科学領域となっている。

申請条件として、「国を愛し、社会主義を愛し、良好な政治と業務の素質を持ち、法律や規則に違反する記録がなく、勉学を終えた後に帰国して祖国の建設に奉仕する事業家精神と責任感を有すること」とある（写真参照）。

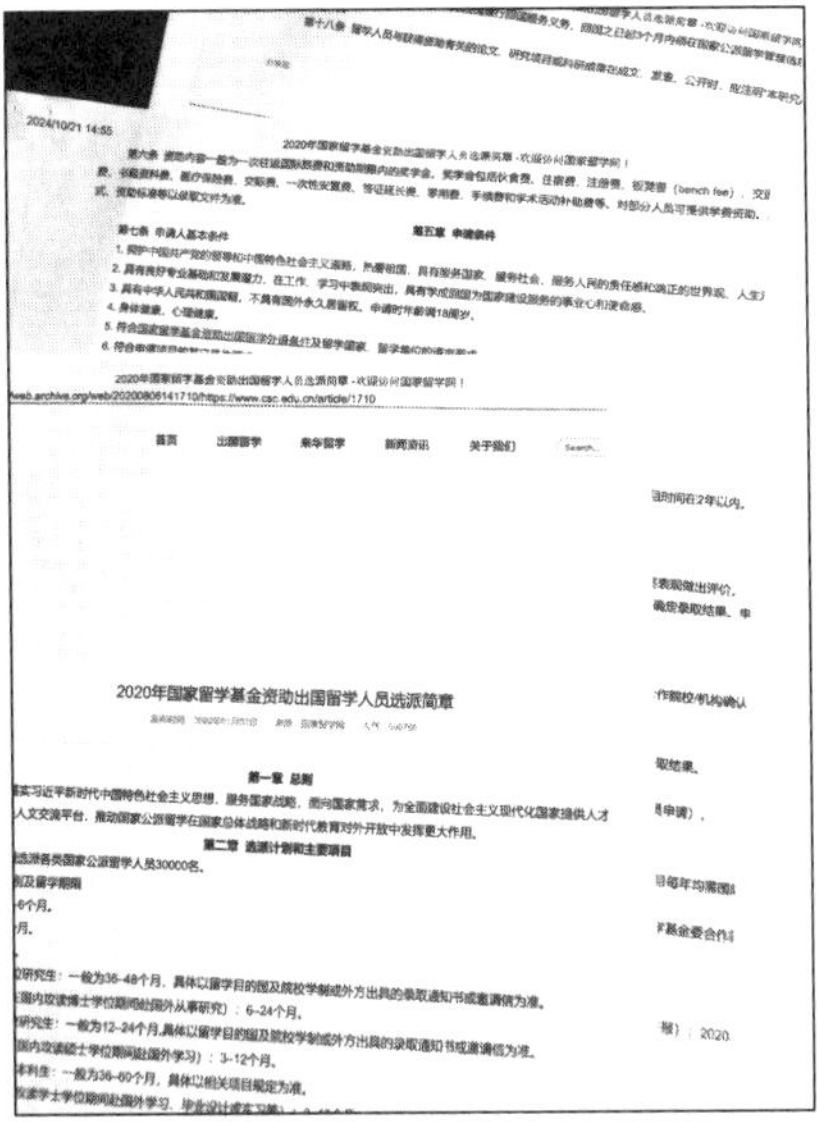

中国政府によるCSC応募要領

さらに、派遣された後に海外留学生は、CSCの関連規定及び『海外留学援助合意書』の関連約束を遵《じゅん》守《しゅ》しなければならない――とある（傍線筆者）。この合意書が、秘密契約書に該当する。

CSC制度を利用して海外に派遣される留学生は、全員がこれに署名する義務がある。つまり、CSCで来日した中国人留学生は例外なく、この密約に署名していることになる。

留学期間中、海外留学生は積極的に在外大使館の管理を受けることを義務付ける一文もある。これは、現地で共産党の細胞を組織したり、海外の同胞を動員して党の意思を体現したり、国家のために産業スパイ工作員として動いたりすることを意味しよう。

これでは、中国人留学生が党に脅迫され、大学の寄って立つ「学問の自由」も「言論の自由」も保障されないことになる。

問題が発覚したのは、2023年1月だ。スウェーデンの日刊紙「ダーゲンス・ニュヘテル」が2018年版の秘密文書を入手し、中国共産党の中国人留学生への工作が明らかになった。

それによると、スウェーデン・ルンド大学の博士課程に在籍中の30人以上の学生が、中国共産党への忠誠を誓う秘密の契約書「忠誠の誓約」に署名させられていた。

同紙によると、学生が契約書の内容に反したり、退学したりした場合、中国に住む保証人である家族が弁済する義務を負う。留学生が留学している間、中国から出国できない決まりになっている。留学生とともども、家族は海外亡命を未然に防ぐための措置である。

ルンド大学を驚愕《きょうがく》させたのは、契約書の中にある「留学中は党の命令に従い、自国の利益や国家の安全を害する可能性のある活動には従事してはならない」との一文だった。2007年版より、強く踏み込む形で、共産党への忠誠を誓わせる内容となっている。

悪魔に魂を売る行為

米国のラジオ放送局「ラジオ・フリー・アジア（RFA）」によると、米国在住の反体制活動家で、中国の非合法海外組織「海外110番（非公式警察）」の脅迫を受けているという界立建（ジェ・リージィェン）氏は、学生が契約を破った場合、代償を払うのは家族だけではないという。留学生を指導した大学の講師や留学生の推薦人、留学生が在籍している大学は全員が連帯責任を負うという。

同氏はRFAの取材に対し、「各学校の華僑《かきょう》会、同窓会、故郷会も互いの言動を監視し、政治活動を主導している」と述べている。

中国の政府関係者や代表団が、留学生の住む地域を訪問する場合、彼らを歓迎するための衣服、食料、住居、交通、横断幕やポスターを手配するための資金がこうした組織から支給され、スローガンを叫ぶリハーサルや、イベントでの各個人のパフォーマンスの綿密な監視が行われるというのだ。

これは日本国内にも当てはまる。2008年、北京五輪の聖火リレーを行った長野県・善光寺周辺でのデモ行進だ。日本全国から中国人留学生らがかき集められ、日本人警官や一般市民に暴力を振るったことは記憶に新しい。彼らの中に、CSC奨学生がいた可能性がある。

ルンド大学医学部のデイヴィッド・ギセルソン副学部長は「ダーゲンス・ニュヘテル」紙の取材に対し、「秘密の契約書の存在は知らなかった。まさに独裁政権のやり方だ。母国で家族が人質にされる。不愉快だ」と語っている。スウェーデンではルンド大学のほか、カロリンスカ研究所、ウプサラ大学、ストックホルム王立工科大学でも中国人留学生が同様の秘密契約書に署名していた。ルンド、ウプサラ両大学はCSCとの協力関係を解消し、王立工科大学も解消を検討中だ。

RFAの取材に対し、スウェーデン在住の作家ワン・ジー氏は、「CSCは共産党の策略だ。西側諸国は中国の文化、社会、政治体制についてほとんど無知で、中国における個人と国家の関係を理解していない。中国で公金を受け取った者は、すべて共産党の協力者であり、党の支配下に入る。中国では常識だ」と述べている。

スウェーデンの大学関係者は、秘密契約書への署名はまさに、全体主義・独裁の中国共産党という「悪魔に魂を売る」行為であり、「保証人となった彼らの家族は人質になる運命にある」と警鐘を鳴らす。

中国反論「悪意ある歪曲だ」

サイト情報誌「University World News（ユニバーシティ・ワールドニュース）」によると、ドイツの名門大学も、産業スパイのリスクを減らすため、ＣＳＣとの連携を停止した。

ドイツ最大の大学の一つ、バイエルン州エアランゲン・ニュルンベルク・フリードリヒ・アレクサンダー大学（ＦＡＵ）は２０２３年６月、ＣＳＣによる中国人留学生の受け入れを無期限に停止した。

理由について、ＦＡＵは「ＣＳＣの学生が国家への絶対的な忠誠を誓う契約に署名し、常に中国大使館と連絡を取り、奨学金を修了したら中国に戻って祖国に貢献することを約束している。我々は学問の自由の原則に従う」と説明している。

デンマークのコペンハーゲン大学には、忠誠の誓約書に署名した博士課程の学生が１３

9人いた（デンマーク紙「インフォメーション」）ことが分かっている。

デンマーク駐在の中国大使館は一連の報道について、「中国と他国との間の通常の教育・研究協力を政治問題化し、汚名を着せるために合意内容を悪意を持って歪曲《わいきょく》したものにほかならない」と反論している。

オランダでは、デルフト工科大学がCSCによる博士課程の学生の入学や「軍民両用」技術などの機密研究分野の留学生の受け入れに警戒を示している。特に、「セブンサンズ」（中国国防七大学）と関係のある学生の入学も認めていない。

それより前の2020年には、米国のノーステキサス大学がCSCとの関係を終了し、コロナ禍の最中に研究者を帰国させている。

米国の対応は最も早く、この年の10月7日、米連邦議会の超党派で構成する「米中経済・安全保障委員会」が、中国人留学生に関する年次報告書をまとめた。

報告書はCSCについて、「中国共産党の奨学金は、マルクス・レーニン主義の権威主義政党である中国共産党に忠誠を誓うことを受給者に要求するという点で、世界のほとんどの政府後援の奨学金とは異なっている」と指摘している。

一方、CSCによる中国人留学生の受け入れに問題意識を持っているようにはみえない日本の大学。背景には、福田康夫政権下の日本政府と自民党が2008年ごろから推進してきた「留学生30万人計画」がある。

福田氏といえば、今なお、「元首相」の肩書で、中国共産党の「喉と舌」として中国メディアに引っ張りだこだ。中国関係のイベントに必ずといってよいほど顔を見せ、中国美女とツーショットを撮ってご満悦だ。

自民党の外国人材交流推進議員連盟（会長、中川秀直・元幹事長）は2008年6月12日、「多民族共生国家」の実現を目指し、今後50年間で1000万人の移民を受け入れる提言を総会でまとめている。入国後10年以上としている永住許可を7年に緩和するよう求めたほか、年齢や素行など、さまざまな要件を課している帰化制度も、「原則として入国後10年」で日本国籍を取得できるように改めるべきだとした。

文部科学省は福田首相の意向を受け、翌7月に「グローバル戦略」の一環として、2020年に日本国内の外国人留学生を30万人に増やすとぶち上げた。「留学生30万人計画」である。

2008年を境に、日本の人口は減少局面に入り、将来的に少子高齢化が加速度的に進むことが予想された。当然、日本の大学も国公立はもちろん、私企業でもある私立大学ではなおさら、学生の確保が喫緊の課題となっていた。国際交流の名の下、留学生という「お客さん」を招き入れ、大学経営を成り立たせようという損得勘定がある。

2023年5月1日現在、日本にいる外国人留学生は、27万9274人であるから、2008年時点の目標は、ほぼ達成しつつある。コロナ禍前の2019年には、約31万人に上った。岸田文雄首相は2022年8月29日、現行の「留学生30万人計画」を抜本的に見直し、外国人留学生の受け入れだけでなく、日本人留学生の送り出しを加えた「新たな留学生受け入れ・送り出し計画」の策定を文科省に指示した。

ただ、受け入れ人数を大胆に絞り込むとか、そういう抜本的な見直しではなく、日本人留学生の送り出しを加えたものに過ぎないので、根本的な問題の解決にはつながらない。

日本の大学は「学問の自由」を放棄

東大、京大、名古屋大、横浜国大、早稲田大……。

日本国内でもどれだけの大学がCSCと契約していることか。独立行政法人「日本学生支援機構」もCSCと覚書を交わしている。

ウェブ上で公開されている東大大学院などの場合、中国の受け入れ対象校として、北京大学や清華大学など29校を指定している。中には中国人民解放軍とのつながりが強い北京航空航天大学やハルビン工業大学など、「国防七大学（セブンサンズ）」も含まれている。

中国政府は、民間の最先端技術を軍事力強化につなげる「軍民融合」を進めており、国防七大学はその中核だ。北京航空航天大や北京理工大などは大量破壊兵器開発への関与が懸念されるとして、経済産業省が外国団体を列挙した「外国ユーザーリスト」に掲載されている。

外国為替及び外国貿易法（外為法）では、大量破壊兵器開発につながる技術を日本国内の外国人に渡す行為を「みなし輸出」として規制し、経済産業相の許可制としている。入国後6カ月以上過ぎた外国人は対象外だったが、経産省通達で2020年5月から、外国政府などの強い影響を受けているとみなせば、許可制の対象となっている。

だが、日本政府は誰が中国政府の支配下であり、そうでないかを正確に把握できていない。政府が2023年6月2日に閣議決定した外国人留学生に関する答弁書は、彼らの研究内容について、「網羅《もうら》的に把握していない」と回答している。許可制は抜け穴だらけだといっているようなものだ。

経産省は「国防七大学からの留学生という理由だけで、規制するのは難しい。受け入れる大学側が、研究内容などを慎重に精査する必要がある」と説明している（２０２３年６月２日付／「読売新聞」電子版）。

そこで筆者は、２０２４年10月下旬、東京大学、京都大学、早稲田大学、日本学生支援機構の４者に対し、ＣＳＣによる中国人留学生などの問題について、それぞれの見解をうかがうために期限を切って、電子メールで質問状を送付した。

日本学生支援機構は、２０２４年11月５日の回答で、

「本機構は文部科学省が所管する独立行政法人であり、中国政府教育部が所管する ＣＳＣとは、両国の大学間交流事業の円滑な運営及び高等教育機関の国際化の促進という観点から、相互協力に関する覚書を締結しているものです。他方、ご指摘のような実態については把握しておらず、問題があるか等も含めて、判断することはできません」

と回答した（傍線筆者）。

ご指摘のような実態とは、欧米諸国の大学では、ＣＳＣが「学問の自由」を脅かす恐れが、指摘されていることである。

早稲田大学は、

「2008年から派遣学生の受け入れを開始し、近年は毎年60名程度を受けて入れています。CSCに限らず留学生の受け入れに際しては、法令に基づき適切に安全保障輸出管理を行い、国益を損なうような研究活動にならないよう十分留意しています。また、CSC奨学金制度による教育・研究等の効果については継続的に検証し、その結果を踏まえて課題や今後について検討しております」

と回答した。

東京大学は、

「関連部署が複数またがることから、ご指定の回答期限までの回答が難しく、ご希望に添えず大変恐縮ですが、何卒ご理解賜れますと幸いです」

との回答だった。

京都大学は、

「ご質問の内容に関しましては、お答えいたしかねます」

だった。

どうだろうか。もっとも丁寧な回答を寄こしたのは早稲田大学だ。同大だけでも、17年間で約1000人を受け入れてきたことになる。日本全国では、累計1万人を超えると見られる。法令に基づく適切な安全保障輸出管理をしているとのことだが、中国人留学生が中国共産党への忠誠を誓う契約書に署名させられていることや、それによって大学における「学問の自由」が脅かされていることについての言及はなかった。

日本学生支援機構も東大も、正直な回答でそれはそれで謝意を表したい。だが、筆者の質問は簡単なものであり、1週間も2週間もかかるようなことを聞いているわけではない。現に早稲田大学はそれなりに回答してきた。

残念なのは、京都大学である。「自由な学風」の看板が泣くような隠蔽体質をにじませる対応である。ほかにも、横浜国大など数多くの国立大学、私立大学がCSCと協定を結んでいることが分かっている。

筆者の知人で、都内に住む中国人は、CSCを利用して来日した中国人の元留学生から直接話を聞く機会があったという。元留学生は秘密の契約書への署名どころか、駐日中国大使館の幹部から、「中国共産党への協力者となるようしつこく勧誘された」と語ったとのことだ。

回答を寄こした大学は、中国共産党の支配下にあるCSCの実態を知らなかったかもしれない。知っているのに見て見ぬふりをしてきたのかもしれない。ただ、筆者の質問に回答できない理由すらいえない京都大学は、ガバナンスに問題があるのではなかろうか。早稲田大学にできて、京都大学にはなぜできないのか。すぐにでもCSCの実態について調査し、結果と見解を明らかにすべきである。それができないなら、「自由な学風」を語る資格はない。

毛沢東の「砂を撒く」戦術

かつての中国共産党指導者、毛沢東は中国人の海外移民を〝砂を撒くこと〟に例えた。中国人という砂をばら撒き、その砂が固まったところを実効支配し、領土化する計画だ。最初は周辺国に移民を大量に送り込み、時間をかけて移民を増やす。

移民による共同体ができたら紛れ込ませた中国共産党の工作員を使って住民を扇動し、移り住んだ先の周辺国による差別や虐待を理由に自治や独立の声をあげさせる。次いで中国系移民による暴動を誘発し、これを鎮圧しようとした周辺国に対し、自国民保護を名目に軍隊を送る。

事態が沈静化したところで住民投票を行わせて独立を宣言させ、それをいち早く承認し、相互安全保障条約を結ぶ。最終的には、独立した国を「平和的に」併合、統合し、自国領とする。これを既視感といわずして何といおう。2014年、ロシアがクリミア半島を占領し、自国領に編入したやり方そのものだ。

ロシアのプーチン大統領は今、ウクライナ東部のドンバス地方でそれをやろうとしている。ノヴォ・ロシア作戦で、ウクライナの領土を分割して親露派政権で固めていき、最後はロシア領として併呑する。

中国ではチベットや新疆《しんきょう》ウイグル自治区、南モンゴルがその対象として、共産党政権から領土や言語を奪われたのは周知の事実だ。

大事なのは、日本も例外ではないことを認識することだ。「まさか日本に限ってそんなことがあるはずがない」と考えている向きがあるとしたら、あまりに能天気で平和ボケしているといわざるを得ない。

中国には国防動員法という法律がある。これに基づいて海外に散らばった砂である中国人が、北京の指令一つであらゆる工作活動に従事しなければならないのだ。

国防動員法が発動されれば、中国国内では、日系企業のヒト・カネ・モノの徴用が合法化されて取り上げられる可能性がある。日本にあっては、国務院や中央軍事委員会の指令を受けた在京中国大使館の差配で破壊活動や扇動工作を行う根拠法となっている。

２０１０年７月に施行されたこの法律が対象とするのは、中国内外の18歳から60歳の男性、18歳から55歳の女性だ。拒否すれば刑事罰が待っている。

すでに、政財界や、マスコミなど、あらゆる分野に中国の工作員が送り込まれているとみて間違いない。彼らは自分たちにとって都合の良い「役に立つバカ」な日本人をリクルートして親中派として育て、国防動員法が発動された際に世論の分断などの攪乱《かくらん》工作に従事させる思惑がある。

「役に立つバカ」とは、無邪気にも自分では良かれと思ってやっていることが実は、特定の政治勢力に利用されている人物や勢力を意味する。ウイグルや香港、チベットなどでの人権弾圧には目をつぶり、ただひたすら日中の友好親善に注力している自分は世のためになっていると勘違いしている御仁らのことである。

日本では今、そんな二つのチャイナリスクが静かに、そして、隠密に高まっていることを自覚すべきである。

2章

中国人に買われるニッポン

——もはや丸わかりの中国侵略に
手も足も出ないのはナゼ?

1　火葬場にまで中国人の手が及ぶ

東京の火葬場を爆買いする中国

巧妙に姿を隠しながら深く静かに浸透し、乗っ取りを謀る。前章でも紹介したが、その手法を〝ステルス（隠密）侵略〟と名付けたい。気になるのは最近、ステルスだった浸透の仕方が〝目に見える〟ようになってきたことだ。

中国系資本に支配されてしまった東京都内の火葬場事情、都内にある中国の「闇の警察」、古都・京都市内の爆買いされた町家……それぞれの実態を報告しよう。

葬祭系ユーチューバーの「告発」で、東京都内の火葬場事情が明らかになった。人生の最終幕で、愛する肉親や友人知人らだけでなく、自分の肉体にも別れを告げる火葬場が、いつの間にか、中国系資本に支配されているというのだ。

火葬は公衆衛生であり、公共サービスでもある。

詳細は後述するが、WTO（世界貿易機関）がGATS（サービスの貿易に関する一般協定）で規定しているように、経済活動における国籍による差別は禁じられているが、火葬は事業主体が日本企業であっても高い倫理観が問われる事業である。

それが、共産党一党独裁の中国系に支配されつつあるのだ。

東京は23区内にある火葬場は東京博善（本社、東京都港区）という会社が7割のシェアを占めている。

親会社は、印刷事業をグループの中核とする広済堂ホールディングス（同）で、東京博善が100％子会社になっている。広済堂の取締役会長は中国の大手家電量販店を運営する蘇寧電器傘下の家電量販店ラオックス会長の羅怡文《らいぶん》氏だ。

2022年8月11日付でX（旧ツイッター）に投稿された一通の問題提起から、その実態が明るみに出た。

《東京23区の火葬の7割は東京博善という民間会社が行っています。その株主は中国系外資で、都民は一体火葬するのに83、000円を負担しています》

《独占的な営業を許可しているのは区で競合がいないから好き放題な価格をつけられてい

ます。昨日燃料サーチャージと言って値上げしましたが内訳は不明です》

投稿主は、葬祭系ユーチューバーとして登録者数約9万人の「葬儀葬式ch」を運営する佐藤信顕氏である。厚生労働省認定葬祭ディレクター一級、葬祭ディレクター試験官を務める。日本随一の「葬祭博士」としても知られている。

佐藤氏は2024年秋、筆者の電話取材に対し、「事態はまったく改善されていない。区長会が議題として取り上げ、厚生労働省にも善処を求めたが、『注視する』との回答があっただけだ。責任をとりたくないのだろう。区長会もそれで良しとしてしまっている」と話す。厚労省は、法律として火葬料金を指導する基準などの規定がないから、訴訟になったら責任をとれないというのが理由という。

役所は現行法というレールの上しか走れないが、やりようはある。政令もあれば、省令もあるし、行政指導もできる。全国の火葬料金が平均約1万円だというのに、23区だけ約9万円というのは、あまりに不公平である。

佐藤氏は、東京博善の親会社である広済堂HDの担当者が、テレ朝の取材に対し、火葬事業では利益は出ないと説明していることについて、「130億円の売り上げに対し、50億円の営業利益がある。儲かるんですよ。独占状態だから料金も高い。自由化したり、公営の火葬場を増やす必要がある」と語る。

多死社会の到来といわれていることについては、「現在は年間156万人が亡くなっているが、実は人口動態の予測で2050年前後の死者は約165万人でそれほど増えない。だが、首都直下や南海トラフなどの大規模災害も見据えて、公営の火葬場を増やす必要がある。南多摩方面では、正月だと10日待ち状態で、まったく足りていない」という。

公営の火葬場をつくるとなると、心理的な理由や土地下落を理由とした反対運動が予想されるが、その点については、「火葬場は都市計画法で工業地に設置することが規定されているうえ、化学処理によって煙害もない。比較的新しくできた臨海斎場はそもそも倉庫街だから土地の下落現象は起きなかった」と語る。

これまでにも、佐藤氏の働きかけで都議会議員も議題としたことがあるが、都は公営火葬場の火葬料金についても、積算根拠を明らかにしていない。根拠がないからだ。公共なのに全国でも火葬料金にばらつきがあるのは、このためだ。

では、23区に住む区民は、どうしたら価格を下げることができるのか——。

佐藤氏は、「区民には、葬儀を安く抑える区民葬（葬祭費用の負担軽減等の区民の要望に応えるため、全東京葬祭業連合会に加盟する区民葬儀取扱指定店が行っている葬儀のこと）をする権利がある。大人で5万9600円だ。区民も、都の葬儀組合と東京博善が加盟する区民協議会に加入し、区民（遺族）の権利として、価格の値下げを働きかけていけば良いのだが、正当な理由もなく入会できないのが実態だ。現状は区民の権利ではなく、登録業者の権利となっている。既得権益に斬り込むためにも、都や区協議会、区長会などが東京博善や葬儀組合などに指導していかねばならない」と力説する。

広済堂が反論したものの

佐藤氏には2022年にも電話で取材している。その際、佐藤氏は、「都には料金の監督権がなく、値上げの状況も把握していない」と語っていた。コストの上昇というブラックボックスをいいことに、火葬業者の胸三寸でどこまででも値上げ可能なのだという。超高齢社会を迎えた日本において、特に巨大都市東京では火葬場ビジネスは超優良業種なのだ。公衆衛生にかかわる公共サービスである火葬事業に、仮に利潤追求一辺倒の一民間企業が参入すればどうなるかは想像に難《かた》くない。

佐藤氏は、「火葬も含め、水道やメガソーラーがそうだが、公共サービスが民間に一任され、その妥当性も確認されないまま運用されるのは生活する市民にとって不安でしかない。同じ日本人なら、特にこういった宗教的感情を伴う事業には加減というものを持つ。だが外資にはそういった加減も期待できない」と警鐘を鳴らした。

火葬という公共サービスに外資が参入することへの懸念を示す筆者の指摘に対して、広済堂側は2022年10月28日付の電子メールで「国籍による差別が禁止される中で、株主の国籍のみを理由として、『都民の中に不安が生じる』と言い切る根拠が分かりかねるところであり、当社グループとしては、株主の国籍についてコメントすることはない」などと回答した。

広済堂側は、「株主の構成いかんにかかわらず、日本国の法律である墓地、埋葬等に関する法律に則り、都民の方々、そして日本に居住する方々のために事業推進および火葬場運営をしていく経営方針に微塵《みじん》の変更もない」とし、「法令を遵守し、事業を推進している。都民の中に不安が生じることはないと考えている」としている。

先述した通り、国籍による差別があってはならないのはいうまでもない。ただ、広済堂側は「『都民の中に不安が生じる』ことはない」といっているが、現に都民の筆者が不安に感じている。

それだけではない。在日中国系企業内には細胞としての中国共産党組織があり、日夜、党の利益のための情報収集活動を行っているのは知る人ぞ知る。これもあって筆者は、中国企業全般に安全保障上や倫理上の懸念を抱いている。

十把一絡《じっぱひとから》げにするわけではないが、華為《ファーウェイ》技術など中国企業は世界各地で安全保障上のさまざまなトラブルを起こしている。広済堂はそんな企業とは一線を画す良心的な会社であると信じたい。

2　政府は「闇の警察」を解体せよ

「JUO　KAIKAN」とは

さらに中国による恐るべき〝侵略戦略〟の実態が明らかになった。

「JUO　KAIKAN」

東京・神田のJR浅草橋駅から徒歩10分ほどの場所にある5階建ての小さなホテル。黒い壁に白抜きで名前が書かれたこの建物こそ、「闇の警察」とも呼ばれ、違法性が疑われる中国の出先機関だ。中国共産党中央統一戦線工作部との関係が指摘される。

「産経新聞」の前論説委員長でコラムニストの乾正人《いぬいまさと》氏によると、1章でも紹介した総務副大臣を務めたことのある自民党の松下新平参議院議員は、日本福州十邑《じゅうおう》社団聯合総会の高級顧問を務めていた（2022年11月25日付／「産経新聞」電子版）。

郵便受けには「JUO HOTEL」と「日本福州十邑社団聯合総会」の表示があった。筆者は2022年11月初めに訪れたが、1階の受付にはだれもおらず、開店しているのか、していないのか分からない。いかにも怪し過ぎる。

近所の人は「何も変わったところもないし、そんな怪しい組織が近くにあったとは知らなかった。気持ち悪いねぇ」と語った。

中国の人権問題を監視するスペインの非政府組織「セーフガード・ディフェンダーズ」が2022年9月、「闇の警察」に関する報告書を発表した。そこには、世界各地の「闇の警察」の所在リストが掲載されており、都内の拠点として記された住所にあったのが、くだんの「JUO KAIKAN」だった。

松野博一官房長官（当時）は2022年11月14日の会見で、この「闇の警察」のことを産経新聞記者に問われると、「警察庁に問い合わせてほしい」と耳を疑う回答を述べた。25日の会見でも、「闇の警察」が日本の主権侵害に当たるかどうかを問われ、「具体的な状況に即して判断すべきものであり、全体論としての答えは差し控えたい」という。

参政党の神谷宗幣議員が質問主意書で質したのに対し、政府が「外国またはその機関がわが国の領域内で公権力行使をわが国の同意なく行えば主権の侵害と認識する」などと答弁したのを踏まえた質問だった。

林芳正外相（当時）が11月29日の会見で、「仮にわが国の主権を侵害するような活動が行われているということであれば、断じて認められない旨の申し入れを行っている」と述べるのがやっと。これすら批判された上でようやく重い腰を上げたものだった。

さきに触れた乾氏が日本政府ののらりくらりした対応を批判し「岸田首相は秋葉原警察（闇の警察）を調査せよ」と書いた後のことである。

情報収集能力を悟られないため、ちょっとしたことでも答えられないという事情は分かるが、他国と比べればあまりに対応が甘い。

オランダの民放ＲＴＬは、首都アムステルダムと第二の都市ロッテルダムに中国の「闇の警察署」が２０１８年に設置されたが、オランダ当局へは申告されていなかったと報じた。オランダ外務省は、オランダ在住の中国人から「脅迫や脅し」を受けているとの通報が定期的に寄せられていることから、相談窓口を設置していると述べている。

アイルランド政府も「中国からの事前申請はない」（アイルランド政府）とし、オランダ、アイルランド両国とも閉鎖を要求した。一部はすでに閉鎖されたと現地メディアは伝えている。

米国は「適切な連携なく米国内に拠点を構えるのは言語道断」(クリストファー・レイ米FBI長官)とし、イギリス、ドイツ、カナダ、チェコの各国は「調査する方針」、唯一、ハンガリーだけが、「中国警察の存在は未確認」と配慮を示しているのは、想定内だ。ハンガリーのヴィクトル・オルバン政権は親中路線を貫き、中国の巨大経済圏構想「一帯一路」にしっかり組み込まれているからだ。首都ブダペストへの中国・上海の復旦《ふくたん》大学のキャンパス誘致を進め、地元の猛反発を招くなどしていた。

中国外務省の汪文斌《おうぶんひん》報道官は会見で「まったくの虚偽だ」とし、「サービスステーション」は、在外中国人が運転免許証の更新などを行うための施設だと釈明している。

報告書によると、中国は州政府の管轄下にある「海外警察サービスセンター」と称する「闇の警察」組織を少なくとも世界の54カ所に置いているという。東南アジアではカンボジアやブルネイにもある。

在外華僑、華人の監視が任務

報告書は「闇の警察」の正体について、「海外にいる反体制派の監視が主な任務だ」と指摘し、「脅迫や嫌がらせ、監禁などの手段で圧力をかけ、自発的に帰国するよう説得する」役目を担うとしている。

在外華僑やその国の国籍を取得した華人をはじめ、中国に残してきた家族や親戚の人権が踏みにじられている可能性がある。

2014年以降、中国は海外から1万人以上を強制的に帰国させているとの報告もある。米政府系メディアの「ボイス・オブ・アメリカ（VOA）」は、「（闇の警察は）監視と統制の国際的ネットワークの一部で、中国共産党が国境をはるかに越えて活動できるようにするものだ」と警戒感を示している。

報告書にはなかったが、オーストラリアでも「闇の警察」が確認されている。公共放送「ABC」（電子版）は2022年10月13日、中国の地方警察が2018年、最大都市シドニーに連絡事務所を設置したと報じた。

報告書はこのほか、離婚裁判などをリモートで行う「海外法廷」なども設置していると し、日本国内ではまだ確認されていないが、これらの存在も今後、世界各地で問題化すると思われる。

最後に知ってほしいのが、「闇の警察」が跋扈《ばっこ》するようになったきっかけだ。筆者は20

16年から始まったイタリア警察と中国警察による合同パトロールの成功体験ではないかとみている。このあたりのことは拙著『日本復喝！』（ハート出版）に詳しいが、ローマ、ミラノ、トリノなどで、10日間~3週間、中伊の警官4人ずつが一組となってパトロールする内容だ。中国の警官は制服着用だが、非武装だ。

イタリアにおける合同パトロールは、在伊中国人や中国人観光客の安全を守るという建前だが、こちらも本当の狙いは闇の警察と同様、イタリア国内における反体制派の炙《あぶ》り出しではなかったのか。

東京にもサービスセンターがあることを考えれば、いずれ日本各地に増えていくことが予想される。在日中国人だけでなく、今の中国共産党政権に批判的な日本人も監視の対象になっていく可能性があるから、警戒が必要だ。

3　土地買収も「見える化」されてきた

中国人女性に感謝の気持ちすら湧いてくる

中国の〝侵略〟は日本の根幹、インフラにまで及んでいる。

北海道の水資源など、中国系資本による人目につかない土地の買収はかねて問題視されてきたが、最近では、人目につく都会のど真ん中でも買収が進んでいる。

しかも、日本人は中国の土地を買うことができないのに、中国人は日本の土地を買うことができるのだ。そんな状況は外交や通商上、国際的に共通認識となっている相互主義に反しないのか。かねてより懸念されていたことが、沖縄の無人島を舞台に表面化した。

中国系企業が無人島を買収していたことである。中国系の動画投稿アプリ「ＴｉｋＴｏｋ」の国内版「抖音」に、中国人女性がこの無人島に上陸して歩き回り、「島を購入した」

などと投稿したことがきっかけだ。

中国では「領土が増えた」などのコメントが相次ぎ、日本国内でもさすがに「これはまずいのではないか」といったトーンで、民放に追随する形で大手紙も報道した。

中国系企業などによる北海道の水資源や、後述する京町家、静岡県伊豆・修善寺《しゅぜんじ》の老舗旅館などの土地や建物の買収問題を追ってきた筆者にすれば、ようやく大手メディアもことの重大性に気付き始めたという印象だ。これまでのように、知っていても知らぬ振りをしたり、その実態を知ろうともしないよりかはマシである。

ただ、熱しやすく冷めやすいのもメディアの特性だ。今では何事もなかったかのように、この問題が忘れ去られようとしている。政府もメディアも国民世論も、引き続き、オールジャパンでこの種の問題に取り組んでいかねばならないと考えている。にもかかわらず、私のまわりにはいまだにトンチンカンなことをいっている人が少なくない。

この無人島は、安全保障上重要な土地の利用を規制する土地利用規制法の対象外であり、仮に対象だったとしても、所有を禁じているわけではないから、何が問題なのかと。無人島に限らず、都心部や地方でも中国系など外国人による土地買収は進んでいるではないか。それをダメとはいえないのではないかと。

問題の核心は、日本では外国人が土地を所有することについて何の制限もないことである。海外では外国人の土地所有は禁止、または厳しく制限されている。

例えば、カナダ政府は２０２２年12月21日、２０２３年から２年間の時限措置として、カナダ人以外による住宅用不動産の購入を禁じる法律を公布した。

米国では、南部テキサス、フロリダ、アーカンソーなどの各州で、中国人による不動産購入を禁止する法案が検討されており、中国外務省が「中国企業は長年にわたって米国に投資し、雇用と経済発展に重要な貢献をしてきた。国際ルール違反だ」（毛寧《もうねい》報道官）と反発している。日本だけが、買いたい放題なのである。

特に中国の場合、国内外に展開する企業はすべて、共産党の影響下にある。このため、党が有事と認めた際、海外在住の中国企業や中国国民が所有する土地や施設を徴用できると定めた国防動員法や国家情報法が存在しているという問題もある。

現行法に不備があれば、法改正などでそれを正していくのが立法府の責務であるし、問題点を指摘し、それを後押しするのがメディアと世論の役割である。

現状を無批判に肯定して傍観しているだけなら、それは問題意識の欠如であり、思考停止である。その意味で日本人の関心を多少なりとも喚起してくれた中国人女性に感謝の気持ちすら湧いてくる。

まるで「幽霊企業」のような実態

問題の無人島は、沖縄県北部の本島から20キロ西方に位置する伊是名村《いぜなそん》の屋那覇島《やなはじま》である。東京都内で沖縄料理店を経営する知人の店長によると、浅瀬で養殖されている海藻のもずくは絶品で、沖縄県で今一番の人気なのだという。

この無人島、中国人女性はまるで島全体を丸ごと購入したかのように投稿動画で語っている。しかし、実際に購入したのはこの女性が役員を務める都内の中国系企業で、島の半分ほどを約3億5000万円で購入したという。

不可解なのは、この中国系企業の実態だ。会社ホームページや登記簿謄本によると、設立したのは1968年9月で、目的は不動産投資およびリゾート開発、中国ビジネスコンサルティングなどとなっている。取締役には、中国人と思われる名前が複数人掲載されていた。

だが、中国系企業の会社社長は、筆者の取材にまったく応じようとしなかった。何かやましいことでもあるのかと勘繰りたくなる。購入者がどういう会社の社長なのか、社長がどこにいるのか分からないまま、日本の土地が買い進められるのを放置するとしたら、この国はあまりに無防備といわざるを得ない。

特に、屋那覇島の場合、中国人民解放軍が突破を狙う第一列島線上にあり、安全保障上の懸念が指摘されているから、なおさらだ。

まだこの一件が熱を帯びていた2023年2月22日夕、会社ホームページや登記簿をたどり、都内の会社を訪ねてみた。TBS（港区赤坂）近くの雑居ビル5階を訪れると、映像関係のコンテンツを販売する別の会社が入っていた。このときは応答がなかったので、24日昼、この会社に電話してみた。

すると、受付だという女性が電話口に出て「社員はみな在宅勤務で自分は何も分からない。（筆者の尋ねた）中国系企業のことも一切分からないから、その会社のホームページにあるフォーマットから問い合わせたらどうか」といってきた。

女性は何も分からないといいながら、この会社のホームページに問い合わせ用のフォーマットがあることを知っていた。取材に対して何も話さないよう、会社から口止めをされていたようである。

筆者は2023年2月13日・20日の両日、中国系企業のホームページのフォーマットからメールで質問をしたが、なしのつぶてである。女性にその旨を伝えるとともに、女性の勤める会社関係者が、NHKの取材に応じていたことを伝えた。

この会社関係者はNHKの取材に対し、「土地を取得した会社の代表取締役と関係があり、住所が使われている。ただ、その会社とは何の関係も持っていない。（屋那覇島の土地取得は）報道で知っているが、当社は関与していない」（2月20日／NHK電子版）と答えていた。

重ねて「何も知らないのか」と問うと、一方的に電話を切られたのはご愛敬だ。この会社にかかわってばかりいるほど、こちらも暇ではない。中国系企業とは別に、この会社社長が過去に「在日代表」を務めていた中国系メディア関連会社A社を訪ねた。

中国共産党の影響下にあった買収企業

2008年6月に出されたプレスリリースによると、A社は、07年4月に東京証券取引所に上場した初の中国本土企業と謳《うた》っている。中国におけるテレビ番組ガイドチャンネル、テレビ広告代理業務のリーディングカンパニーという触れ込みだ。問い合わせ先は、関連会社の在日代表である中国系企業の社長の名前とともに、銀座の住所が記されていた。

JR新橋駅にほど近い東京・銀座7丁目の雑居ビル8階。港区赤坂に住所がありながら、別の会社が入っていた中国系企業を訪れた日と同じ2023年2月22日夕だ。エレベータを降りると、目に飛び込んだのは、壁に大きな文字で書かれた「中国中央電視台（CCTV）大富」と、香港特別行政区に拠点を置く民間衛星テレビ局「鳳凰衛視」の社名だ。

株式会社「大富」のホームページによると、在日中国人のために中国の最新文化・時事情報などを提供するとともに、日本人の中国及び中国人への理解をより深め、日中友好関係構築の一翼を担うことを目指す、とある。株主は京セラ株式会社、株式会社フジテレビジョン、株式会社ADKマーケティング・ソリューションズ、株式会社電通グループだ。

CCTVは中国国営の公共放送である。ここと日本企業がタイアップし、メディア発信を通じて「日中友好関係構築の一翼を担う」ことは多いに結構なことである。

問題なのは、屋那覇島を購入した中国系企業がCCTVの影響下にある疑いが生じていることだ。

このオフィスにA社が同居していたとなれば、中国共産党の強い影響下にあることになる。つまり、屋那覇島を購入した中国系企業も中国共産党の影響下にある疑いが濃厚というわけだ。

中国国内はもとより、海外に進出した中国系企業が共産党の指揮下にあることを考えれば、間接的ではあるが、中国共産党がこの会社を使って屋那覇島を購入したといえなくもない。日の丸と五星紅旗を飾ってある玄関から中に入り、居合わせた男性社員にA社があるかどうかを聞いてみた。応対してくれた中国人男性は「そんな会社はない」「そんな社長の名前を聞いたこともない」と答えた。

これが本当なら、プレスリリースの資料は17年前のことだから、どこかほかのオフィスに移転しているのだろう。ただ、はっきりしているのは、屋那覇島の半分ほどを購入した都内の中国系企業の社長が、少なくとも17年前、「CCTV大富」と同じ住所に入居していたA社の「在日代表」を兼務していた事実である。

救われるのは、屋那覇島が中国系企業に購入されたからといって、直ちに安保上の懸念が発生するというわけではないことだ。

島には重機を搬入する船舶が接岸できる港湾施設はなく、浅瀬のため今後も建設はほぼ不可能なためだ。この会社が購入した土地も虫食い状態で、売却を拒む地権者も存在している。

利用ではなく、所有の規制を

屋那覇島の一件は氷山の一角とみた方が良い。中国共産党の息のかかったとみられる日本国内のほかの土地購入についても注意が必要だ。

だが、肝心の日本政府はどうにも頼りない。屋那覇島の件について松野博一官房長官（当時）は記者会見で「関連動向について注視していく」と述べた。できもしないことを口にはしていないか。根拠法もないのに、だれがどうやって注視するというのか。法の不備を糊塗《こと》するため、場当たり的に発言したとしか思えない。

政府が急ぐべきは、現行法の土地利用規制法の改正である。2022年施行された土地利用規制法では、自衛隊基地など重要インフラ施設の周辺約1キロと国境離島を「注視区域」として、土地所有者の国籍や氏名、利用状況を調査できる。特に重要な土地は「特別注視区域」に指定し、不動産売買時には事前に国籍や氏名を届け出ることを義務付けた。重要施設などの機能を妨害するような利用行為があれば、勧告・命令ができ、罰則も科すことが可能だ。だが、官房長官が「注視する」と明言した屋那覇島は指定外であり、事前に把握もできていなかった。

先述した通り、土地利用規制法は外国人の土地取得を禁止したものではなく、利用行為に限って制限を加えたものに過ぎない。だからこそ修正すべき点は多い。特別注視区域はもちろん、対象を事前に限定した注視区域の範囲の見直しも待ったなしだ。農地や森林、幹線道路周辺や市街地の土地、監視・観察に適した建物（タワーマンションを含む）なども、私権制限にならない範囲で含めるのは当然だ。

対象エリアを周辺のおおむね1キロという範囲も狭すぎる。防衛施設や空港など、広い土地を使用する施設からみて1キロという範囲はほとんど施設内も同然である。法案策定前から数字で縛らず、柔軟に適用できるよう法運用者にフリーハンドを残しておくべきである。

福岡市内で法律事務所を構える旧知の堀内恭彦弁護士は「産経新聞」九州山口版で、この法律について「立法の過程で骨抜きにされてしまい、安全保障の観点からは極めて不十分な内容なのである」（2022年9月12日付電子版）と指摘している。

この論考の中で、堀内氏は2022年夏に長崎県佐世保市の大型リゾート施設「ハウステンボス（HTB）」の全株式が旅行大手エイチ・アイ・エス（HIS）から、香港の投資会社パシフィック・アライアンス・グループに売却すると発表されたことにも警鐘を鳴らしている。HTBからわずか15キロのところに、米海軍基地や海上自衛隊基地があり、米海軍の住宅地区もあって安保上の懸念も高まるというものだ。

堀内氏によると、HTB売却について佐世保市は、土地利用規制法の制定目的とは異なるとして、「観光施設であるHTBの所有者が国内・国外のいずれであっても、実質的に法律の影響はない」との見解を出しているという。

特に近年は、中国・武漢から持ち込まれた新型コロナウイルスの影響で経営難に追い込まれた日本企業が資産を手放さざるを得ず、これを中国資本に買われていくという、やられっ放しの構図が常態化しているとも指摘する。

国際条約GATSの足かせ

日本の土地売買を語る場合、避けては通れない問題がある。

私権制限という憲法上の制約や世界貿易機関（WTO）の一部であるGATS（サービス

の貿易に関する一般協定）の制約である。ＧＡＴＳは、サービス貿易の障害となる政府規制を対象とした初めての多国間国際協定だ。村山富市首相（当時）を首班とする自民、社会、さきがけの自社さ政権下の１９９４年に締結された。この中に、外国人による土地取引に関する国際約束が盛り込まれ、最恵国待遇と内国民待遇を与える規定が明記された。

最恵国待遇は、内国民待遇とともに、外国において差別を受けることなく公正な貿易や商取引などを保障するための重要な役割を果たしている。米国など欧州諸国が安全保障にかかわる外資による土地取引について、例外規定として留保をつけたのに対し、日本は外資による国内投資を促す狙いから留保をつけないまま条約を締結した。この結果、何らかのサービス提供を目的とした外国人による土地取引に関し、国籍を理由とした規制を課すことが認められないことになってしまったのだ。

はっきりいって、自社さ政権、とりわけ外務省、経済産業省の大チョンボである。土地利用調査・規制法案を審議する際、政府は、当時の政策判断のまずさをきちんと認めるところから始めなければならない。

ＧＡＴＳの制約はあるが、安保上の危険を事前に排除するためには利用制限だけでなく、所有制限に踏み込む次善の策を考えるべきである。

残念なのは、外国人の財産取得に関する政令51号（1949年3月15日）が、いつの間にやら消えてしまったことだ。外国人や外国資本による財産取得に関して制限をかけることができたのに、国会できちんと審議されぬまま廃止されてしまい、現在に至っているのである。

中国国内で日本人は土地を取得できない。だが、政令51号が生きていれば、相互主義に基づき、日本も中国企業や中国国民に対し、土地の売買規制をかけることができたのである。だが、政令51号は、上位の法令である1979年12月に改正された外国為替及び外国貿易管理法（改正外為法）の附則第2条で廃止されてしまった。

当時は自民党の大平正芳政権だ。経済のグローバル化の萌芽《ほうが》が見られるなか、外国資本による日本国内への投資はイノベーション（技術革新）を生み出す技術やノウハウをもたらすことなどを理由に、きちんと審議しないまま政令を破棄してしまったのではないか。

さきの堀内氏は、「外国人の土地取得は国家の存立にかかわる問題である。日本は不動産取引については国際的に開かれ過ぎた自由市場であり、常に外国人による買い占めの危険にさらされている。法整備の遅れを喜ぶのは土地を買い漁る外国勢力だ」と警鐘を鳴らしている。国土を守る法律の不備は、日本国民の安全に直結する。不断の見直しにより、実効性の高いものにしていかねばならない。

京都の町家が中国人の手に

ほかにも中国による日本の土地買収に関して、筆者が実際に取材したことがある古都・京都の例を取り上げよう。

京都市東山区の清水寺《きよみずでら》界隈を歩いていて目に留まったのが、中国系とおぼしき企業が発注した工事中の物件だ。事前の取材で見当をつけていたので、その特徴からすぐに分かった。「京都市伝統的建造物群保存地区条例による許可済」との掲示がある。突飛な建物を建てることなく、色や形など、周囲の景観を守ることが条件となっていた。

地元の不動産関係者に聞くと、オーナーの親族は中国本土の不動産会社経営者で、中国共産党幹部に連なる有力者だという。価格はおおよそ10～20億円になるという。

ほかにもオーナーが外国人とみられる工事中の物件があった。これも清水寺界隈にある。コロナ禍で観光客が激減し、物件を手放す人が少なくないという。日本人の買い手が付きにくく、結果、中国系など外国資本が入ってくる土壌となっているようでもある。

清水寺界隈だけではない。古都に衝撃が走ったのは、2018年のことだ。やや時間は経つが、知らない人も少なくないと思うので改めて取り上げたい。中国系資本による「町の買占め」だ。

2018年1月、中国系米国人でベンチャー投資家、薛蛮子氏が中国版ツイッター「微博」に「京都の通りをひと思いに購入した」と投稿した。翌日には11軒の古い町家が立ち並ぶこの通りを「蛮子花間小路」と命名し、石畳にする工事を始めたことを明らかにした。

これを報じたNHKによれば、中国の投資会社「蛮子投資集団」は2018年に半年の期間で120軒もの不動産を買収したという。中には町家が路地に並ぶ一画を丸ごと買い、そこを「蛮子花間小路」という中国風の名前で再開発するという計画まで発表された。

これをきっかけに、中国国内のインターネット上で、中国人による日本国内の不動産投資がにわかに注目を集めたのだ。薛氏は町家を改装した後、民宿として訪日中国人観光客に提供していくとつぶやいた。

京町家は、1000年を超える歴史の中で磨《みが》かれてきた京都の美しい景観や奥深い生活文化の象徴であり、京都だけではなく日本の、そして世界の宝である。そこでは日本人が大切にしてきたくらしの美学、生き方の哲学、洗練された美意識などが脈々と受け継がれてきた。京都市では2000年に「京町家再生プラン」を策定し、住居のほか、商業施設や文化・芸術施設などとしての活用が進んでいるという。

その一方、今なお毎年約800軒もの京町家が消えており、空き家も増加し続けている。そこで、このままでは「京都が京都でなくなる」という危機感の下、2017年11月に「京都市京町家の保全及び継承に関する条例」を制定するとともに、19年には「京都市京町家保全・継承推進計画」を策定し、官民一丸となって保全に取り組んできた。

京町家の起源は平安時代だ。地方から京の街に出てきて、ものづくりや商いを営んでいた人々が、平安京の都市住民として住み始めたのがきっかけだ。やがて、住居を大路、小路に面した空間に求め、小屋をつくっていったことが京町家の始まりといわれている。

京町家の関係者によると、伝統ある京町家に漢民族の粋が継承されていると中国人が信じており、そこにDNAレベルで郷愁を感じているが、リスペクトはしていないというのだ。中には京町家の起源は中国（漢文化）だと信じている人もいるというのだから、何とも勝手な人たちである。ただ、仏壇や神棚とともに、中国由来の守り神「鍾馗《しょうき》さん」が出入り口によく掲げられるというから、あながち中国の人たちが京町家に思いを寄せるのも分からないでもない。

そんな京町家ではあるが、観光地ではなく、居住空間である。祭りや伝統行事で地域が協力し合い、絆を深めている。そんな中で民泊施設と称して外国資本、とりわけ中国系資本が買い漁っている姿を、地元の住民はもろ手を挙げて歓迎しているわけではなさそうだ。

筆者の知り合いの西陣織の関係者は「どうにもこうにも、中国人がやってきてバンバン町家を買いよる。コロナ前なんかは、中国人観光客らでワイワイガヤガヤ大変やった。情緒どころじゃありまへん」とぼやいていた。この関係者だが、京都・嵐山に持っていた古い別宅を外装も内装もいじらないことを条件に中国人に売ったところ、約束を破って改築し、庭も風情のないものに変えられてしまったと悔いていた。

京町家どころではない。京都を代表する上七軒《かみしちけん》、祇園甲部《ぎおんこうぶ》、先斗町《ぽんとちょう》、祇園東、島原、宮川町の6つの花街のうち、清水寺と八坂神社の中間地点に位置し、市内を流れる鴨川の東岸に並ぶ宮川町が、中国系資本のターゲットになっているというのだ。市内の不動産事情に詳しい関係者によると、「登記上は本当の所有者が分からないから、厄介《やっかい》なのだ」という。

多くは日本企業が所有者として登記されているが、実態は「中国投資家→香港ファンド→シンガポールファンド→日本企業A→日本企業B→花街購入」という複雑なルートをたどるのだという。

ちなみに、北海道などでは、自治体と組んだ中国系資本がカリブ海英領のタックスヘイブン、ケイマン諸島に本社を登記し、真の所有者不明という中で水資源などが買収されているケースも少なくない。

火葬場という身近な公共サービスから、中国共産党中央統一戦線工作部の拠点とみられる物件、はては古都の町家の買占めと、あらゆる領域で侵食を加速させる中国の影響力の一端を垣間見た。

「闇の警察」は日本の主権侵害が疑われるが、注意すべきは、都内の火葬場支配も京都の町家買収もいずれも、合法的な経済活動であるということである。電力などの公共事業や土地の買収は国家、国民の安全保障に直結する極めて重要な問題である。

気づいたときには「はい、手遅れでした」では済まないのだ。そうならないよう、今のうちに、打つべき手を打っていかねばならないのである。

3章 破綻を来す独裁国家中国

――反習近平勢力が密かに増殖中？

1　相次ぐ粛正劇

「文化大革命」再来の予兆

共産党独裁が続く中国では、政府高官の不透明な更迭《こうてつ》劇は珍しいことではない。だが、今回ばかりはそう簡単には片づけられない。何しろ、就任したばかりの外交、国防の両トップが公の場から姿を消したと思ったら、説明もないまま解任されたからである。恥も外聞もない更迭人事に踏み切った習近平国家主席。終身主席に向けて政権基盤を盤石にし、任期中の台湾統一に向け、心中期するものがあるのではないか。習氏は最近、軍に対する主導権を失ったとの見方もある。

就任からわずか7カ月で、中国の秦剛《しんごう》外相が更迭された。1カ月間、動静が伝えられず憶測を呼んでいる中での解任劇だった。2023年7月25日、中国国営・新華社通信が報じた。

習主席の側近とみられていただけに、このニュースは驚きをもって世界中を駆け巡った。だが、これは国家権力の中枢である「中南海」で始まった権力闘争の序章に過ぎなかったのである。

秦剛氏に続き、今度は国防部トップの李《り》尚福《しょうふく》国防相が10月24日に解任されたことが明らかになった。

2カ月近く動静が確認されない中での更迭劇である。外交と国防に責任を持つトップ2人がわずか数カ月で失脚した。

2人の動向についての詳細は後述するが、異常事態というほかない。外交と国防という閣僚の中核を担う高位にある人物の失脚は、1960～70年代の文化大革命で時の指導者、劉少奇《りゅうしょうき》が失脚し、共産党副主席だった林彪《りんぴょう》が墜落死するといった、血で血を洗う政争を想起させる。

その秦剛氏は現在、降格人事で2024年春、外務省傘下の出版社に勤務している（2024年9月8日付／米紙「ワシントン・ポスト」電子版）。出版社は国際関係の書籍を出版する「世界知識出版社」で、外交官としてのキャリアは終わったという。命だけは取られなかったようだが、中国外務省の対応がふるっている。毛寧《もうねい》報道官は9日の会見で、米紙の報道について「把握していない」とだけコメントした。

しかし、ついこの間まで、自分の組織のトップにいた人物の動静を幹部である毛寧氏が把握していないはずがない。命も地位も名誉も、闇から闇に葬《ほうむ》られていく中国社会らしいやりとりだ。

2023年10月、汚職疑惑で就任からわずか半年あまりで解任された李尚福前国防相の行方は依然として不明である。驚くのは、今度は李尚福氏の後任の董軍《とうぐん》国防相が汚職の疑いで調査を受けているというのだ（2024年11月26日付／英紙「フィナンシャル・タイムズ」電子版）。

前職の李尚福氏と元職の魏鳳和《ぎほうわ》氏も汚職で処分されており、事実だとすれば国防相経験者が3代連続で摘発される異常事態である。

これについても、中国外務省の毛寧副報道局長は27日の記者会見で、報道について「根拠がない」と述べた。同紙によると、董氏の調査は軍で続いている一連の汚職摘発に関連しているが、具体的な嫌疑は不明という。

董氏は、2023年10月に解任された李氏の後任として同12月に就任した。2024年

11月21日には、ラオスの首都ビエンチャンで開かれた東南アジア諸国連合（ASEAN）の拡大国防相会議（ADMMプラス）に出席。中谷元《げん》防衛相らと会談したばかりだった。

　こういう中国社会の暗部を見せつけられると、学生や民衆による暴力的な混乱が表立っていないだけで、今、中国では「第二の文化大革命」が起きているようにすら思える。

　文革の本質は権力闘争であった。

　中国の中枢部では、毛沢東超えを狙って、終身国家主席の既定路線化を目論んだ習近平国家主席による、文革の第2ラウンドが起こっているとみることができる。

　日本は欧米諸国など同盟国や同志国と連携を強め、かつてないほどの情報収集に乗り出すべきなのはいうまでもない。「中南海」で起きる権力闘争の趨勢《すうせい》が、台湾情勢を含む日本の安全保障や経済に直結するからである。

「虎もハエも叩く」といって始まった反腐敗運動は、汚職撲滅を隠れ蓑にした習氏による政敵の粛清であり、権力闘争なのである。

　腹心とみられた秦剛氏と李尚福氏の更迭は、それがまだ完結しておらず、道半ばであることを如実に示している。更迭せざるを得ない重大な背信行為が習氏の耳に入れられたのかもしれない。

外交、国防の二枚看板の解任

あまりにも退場が早かったため、秦剛氏、李尚福氏がどんな人物だったか、記憶に残っていない人も少なくないのではないか。

駐米大使だった秦剛前外相は2022年12月に習氏から外相に任命され、中国共産党政権史上、最も若い外相として鳴り物入りで就任した。2023年6月にはアントニー・ブリンケン米国務長官とも会談するなど、米中首脳会談に向けた地ならしを順調に進めていたかに見えた。

しかし、解任される1カ月前から通常の業務に姿を見せなくなり、インドネシアで開かれた外相会議を突然、欠席。中国外務省は健康上の理由とだけ説明した。

外務省報道官は会見で秦剛氏の動静について聞かれるたびに、「情報がない」と繰り返すばかりだった。中国の閉鎖された秘密主義と不透明な体制が浮き彫りにされた。党の下位に位置する中国外務省は実際、何も知らされていなかった可能性が高い。

筆者が拉致問題などを取材するために訪朝した2002年8、9の両月、取材した北朝

鮮の外務省幹部に金正日《キムジョンイル》総書記が日本人拉致を認めて謝ったと話すと、

「本当ですか？　日本の新聞では知っていたけど、拉致問題なんて本当にあるとは思っていなかった。われわれ（外交官）は何も聞いていていなかった」

と目を丸くしていたのを思い出す。あの素振りを見る限り、本当に知らなかったのだと思う。

新華社によると、全国人民代表大会常務委員会が王毅《おうき》氏を外相に任命し、習氏がこれを承認した形をとっている。中国共産党体制は、外交政策を立案するのは指導部であり、外相はそれを実行する役割だけで、実質的な外交権限は党にある。

後任の王毅氏は2013～22年にも外相を務めており、日本語が堪能なジャパン・ハンドラーでもある。それがゆえに、反日姿勢を取り続けなければ今の地位を確保できない宿命を背負っているのは、ある意味、気の毒でもある。

それはさておき、経験が浅いとはいえ、それを百も承知で秦剛氏を外相に抜擢《ばってき》した習氏の人事に何があったのか。反習氏の一派が、秦剛氏の駐米大使時代のスキャンダルを習氏に突きつけ、解任せざるを得ないよう習氏に揺さぶりをかけたとみる向きもある。

続いて、李尚福前国防相のケースである。

習氏が主席を務める中国の軍事最高機関「中央軍事委員会」が2023年夏、装備開発に関する汚職捜査に着手するのと軌を一にするかのように李尚福氏が表舞台から姿を消し、そのわずか2カ月後に解任されている。

秦剛氏のときと同様、中国政府は李尚福氏の解任理由について何ら説明をしていない。

肝いりのロケット軍にすらメスが入った

習近平氏自らが創設した、いわば肝いりの人民解放軍傘下のロケット軍の政治委員と司令官も更迭した。秘蔵っ子の軍トップにメスを入れなければならないほど、尋常ならざるスキャンダルが発覚したのであろうか。

国防省報道官の記者会見によると、習氏が率いる最高軍事機関である中央軍事委員会の委員、苗華《びょうか》氏が「重大な規律違反」の容疑で捜査対象となっている。苗氏は同委員会の政治工作部主任で、習氏の側近と広く見られている。習氏が1990年代から2000年代初頭に沿岸部の福建省の高官を務めていたときに同省での軍務に就いていた。

国防省の報道官は、これを「全くのねつ造」と一蹴。「うわさを広める人々は邪悪な動機を抱いている。中国はこのような中傷に強い不満を表明する」と述べた。

習氏は２０２２年から人民解放軍（ＰＬＡ）の腐敗の取り締まりを徹底しており、核ミサイルと通常ミサイルを統括するエリート部隊であるロケット軍に重点を置いている。

この粛清により、李尚福前国防相やその前任者の魏鳳和氏など、複数の上級将官が６月に汚職疑惑で党から追放された。２０２２年夏以降、軍高官や軍産複合体の航空宇宙部門の幹部12人以上が公職をはく奪されている。

今回調査対象となった苗氏は、海軍の司令官を務めた董氏の政治的支援者とみられている（２０２４年11月29日付／米ケーブルテレビ「ＣＮＮ」電子版）。

極めつきは、李克強前首相の突然死である。李氏は２０２３年10月27日に心臓発作で死亡した。68歳とまだ若い上、太子党《たいしとう》の頭目である習氏と、太子党と比較されることの多い共産主義青年団（共青団）出身という距離感から、自然死だとか、不自然死だなどと憶測を呼んだ。それが自然死だったとしても、最近までナンバーツーとして政権中枢に君臨していた人物の死である。国内外に与える影響は小さくない。

先に述べた通り、文革の第２ラウンドは３期目の在職中に狙う台湾統一への足固めともみられる。台湾併呑《へいどん》で重要な役割を果たす外相、国防相をより身近な側近で固める動きに出たとも読める。

2　激化する権力闘争

中南海の「ラスプーチン」

習近平国家主席独裁の陰で目立たないが、一連の解任劇の裏で糸を引いているとみられるのが、党最高指導部のメンバーで、序列5位の蔡奇《さいき》・党中央弁公庁主任である。

日本だと官房長官に相当し、習氏の外遊にも同行する国家主席の女房役だ。蔡奇氏は習氏が福建、浙江《せっこう》両省で働いていた時代の部下で、忠誠心の厚い腹心の一人と目される。2017年に北京市トップの書記に抜擢され、同年の党大会ではごぼう抜きの3段階昇進で政治局員に登用された習氏随一のお気に入りだ。

習氏に次ぐナンバーツーの李強《りきょう》首相の頭越しに習氏と通じ合う蔡奇氏の振る舞いをみていると、次は李強首相が失踪し、粛清の憂き目を見るはめになるのではないかと、余計な心配すらしたくなる。蔡奇氏は「中国共産党の忠犬」として知られ、その冷酷な政治姿勢は習氏を凌《しの》ぐとも噂される。「虎もハエも叩く」という政敵粛清で力を発揮し、習氏の右腕で信頼も厚く、メンター（相談相手）と目されていた王岐山《おうきざん》・国家副主席が2023年3月の全人代で引退した。

西側の中国共産党ウォッチャーによると、その王氏に代わり、反腐敗運動で現在、血の雨を降らせて最も恐れられているのが、蔡奇氏だというのだ。更迭された秦剛氏、李尚福氏らと違い、蔡奇氏ら習氏の腹心に共通するのは、習氏一族ゆかりの陝西省《せんせいしょう》の出身とか、習氏が省長をしていた福建省時代の部下、党委員会書記をしていた浙江省や上海市で、苦楽をともにした経験である。

福建省出身で、浙江省《せっこうしょう》でも党幹部だった蔡奇氏。帝政末期のロシア・ロマノフ朝を祈禱僧として操った怪僧ラスプーチンを彷彿《ほうふつ》させる。中国風にいえば「21世紀の宦官《かんがん》」か。しばらくの間、〝中南海のラスプーチン〟から目が離せない。

だが、そんな習近平政権のやり方に反発する動きもある。

習近平政権にとって事実の隠蔽《いんぺい》などわけのないことだろう。特にコロナ禍のときがすさまじかった。

確かにオミクロン株は感染力は強いが、毒性や重症化率は低い。だから感染の実態を伏せていれば、ここまで騒ぎを拡大させずに済んだ。習近平が市民の反発を買ってまで都市封鎖を続けたのは、台湾有事を想定した〝演習〟の意味合いがあったほか、内部の権力闘争が原因だったのではないか。

習近平vs.上海閥の暗闘

中国事情に詳しい情報筋は、背景に習指導部と江沢民元国家主席の一派である上海閥による暗闘があると指摘する。コロナ禍による混乱を利用した〝習降ろし〟を狙う上海閥と、それを阻止したい習指導部による権力闘争である。

その一端が垣間見えたのが、２０２２年4月に上海市内を視察した市の共産党トップ、李強氏が住民に詰め寄られる動画がネットで拡散したことだ。厳しい情報統制下で異常な事態である。

李氏は習氏側近であり、２０２３年3月の全人代で首相に選出された。その李氏の動画の拡散は、習指導部の情報統制が利かないほどの力が働いているとみるのが自然であろう。

中国国内で硬直したコロナ対応をとる習政権に対して生じている市民の不満を利用し、習氏に汚点をつけることを狙った上海閥の謀略だった可能性もある。

このため、習指導部はクーデターを狙う上海閥の動きを阻止するために都市封鎖を強行したとの見方もある。「産経新聞」の僚紙「夕刊フジ」は2022年4月27日付電子版で、「疑わしき人物をPCR検査で陽性にして隔離場所に連行し、根絶やしを図ったようだ」と分析している。

2021年秋には「重大な規律違反と違法行為の疑い」で、上海閥の孫力軍《そんりきぐん》元公安省次官が党から追放され、2022年3月には公安省時代の孫氏の上司で、「公安のドン」とされた傳政華司法相が逮捕されるなど、それぞれ失脚した。これに対する報復の動きを習指導部が強権的な都市封鎖というやり方で封じ込めに出たとの見方もある。

秦《しん》の始皇帝に高く評価されたことで知られる法家の韓非子《かんぴし》は「政《まつりごと》の民に優しきは、これすべて乱の始まりなり」との言葉を残した。

習氏も紀元前の法家の思想に学んだのか、漢人の遺伝子がそうさせるのか。あおりを受けるのはビジネスを理由に中国で暮らす日本人らである。今も昔も中国大陸で暮らす危険性は変わらないことを肝に銘じるべきである。

4章

中国に拘束される日本人

――日本人を救い出すことができない政府に喝！

1　中国駐在員は日本経済の「人身御供」か

日本人男性を正式逮捕

前章で中国共産党の中枢部で起きている不穏な動きを見てきたが、日本、そして日本人も他人事ではない。

日本人に対する中国当局による不透明な拘束事件が止まらないのだ。暴力的に拘束し、目隠しをして監禁施設に連行するやり方は、凶悪犯そのものの手口だ。24時間、部屋の電気をつけっぱなしにして外を見ることもできない状態で半年以上も軟禁するとは「どこぞのテロリストなのか」といいたくもなる。

２０２３年11月には、中国湖南省長沙《ちょうさ》市で２０１９年に拘束され、反スパイ法に違反した罪で懲役12年の実刑判決を受けた50代の日本人男性の上訴が棄却され、判決が確定したことが新たに分かった。

また、10月には、中国当局が2023年3月、反スパイ法違反容疑で拘束されたアステラス製薬の日本人男性社員を正式に逮捕したことが判明した。男性は中国に進出する日系企業の団体「中国日本商会」の幹部を務めたこともあるベテラン駐在員だ。3月に駐在期間を終えて日本に戻る予定だったが、帰国直前に北京市国家安全局に身柄を拘束された。

中国側は容疑の詳細は一切明らかにしていない。男性は2023年3月以降、取り調べのために当局が指定した場所に監禁する「居住監視」措置が取られていた。

拘束されたアステラス製薬の男性がどういう人物だったのかを振り返るとともに、「人質外交」の挙に出た中国側の意図や手法について考察していきたい。

男性（A氏）は、中国滞在歴が通算20年を超え、日系企業団体でつくる「中国日本商会」の副会長も過去に務めていた。職業柄、医薬分野を中心に中国の当局者や企業幹部とも交友が深かったという。A氏の人となりについて、筆者が北京に駐在した経験のあるマスコミ関係者やビジネスマンなど心当たりの人々に聞いてみると、「歯に衣着せぬ発言の人」とか、「北京の日本人コミュニティでは、中国共産党を最もよく知る人物として、ドン（首領）のように振る舞っていた」などの評が耳に入ってきた。

A氏は2023年3月に駐在期間を終えて帰国予定だったが、その直前に北京市の国家安全局に拘束されたのだという。中国外務省の毛寧《もうねい》報道官は3月27日の記者会見で、A氏の拘束理由について、「スパイ活動に関与し、反スパイ法などに違反した疑い」と述べたが、詳しい事実関係は語らなかった。

毛氏は「近年、日本国民の類似事件がたびたび起きている。日本側は自国民への教育と注意喚起を強化すべきだ」とも語っている。

いかにも中国共産党らしい、上から目線の物言いである。毛氏には熨斗《のし》を付けて、こう返したらどうか。

「近年、中国当局は日本国民を誘拐、拉致する拘束事件をたびたび起こしている。党指導部は公安当局に対し、不当な拘束は自らの国を貶《おとし》める行為であることを自覚し、こうした蛮行をやめさせるべきだ」

留意したいのは、拘束された日本人に共通点があることだ。多くが中国共産党に幅広い人脈を持ち、中国側から「中日友好人士」と目されていたことである。北京市内の日本人コミュニティでは、A氏がまさにこの部類の人物として一目置かれる存在であったことは、先に述べた通りである。

幅広い人脈が意味するのは、裏を返せば、A氏らがこのネットワークの中にいて絶えず当局の監視対象になっているということだ。普段は泳がせておいて、外交的な揺さぶりや、彼らの基準による安全保障上の理由を盾に「ここぞ」というタイミングで拘束されやすいのが「中日友好人士」の宿命でもあるのだ。

想起するのは7年前、中国とのビジネスに傾注してきた大手商社、伊藤忠商事の40代の男性社員が拘束された一件だ。広東省広州市で2018年2月、国家安全当局に拘束され、中国刑法の「国家の安全に危害を与えた罪」で、懲役3年の実刑判決を受けた。男性は21年2月に刑期を終えて帰国した。具体的にどのような行為が有罪と認定されたのかは公表されていない。

伊藤忠の場合、社員の拘束から1年以上、「事実関係を確認中」として拘束の事実を明らかにしようとしなかった。黙っていれば、社員が早期に帰国できるとでも考えたのだろうか。これは日本の外務省にありがちの発想だが、公表すれば中国側を刺激し、かえって帰国が遅れるとでも考えたのか。

伊藤忠といえば、社長などを歴任した丹羽宇一郎氏が、人脈や経験を買われて民間初の駐中国大使を務めたこともあった。伊藤忠商事はなおのこと、この時の外務省は中国に対し、毅然《きぜん》とした姿勢を示すべきであるのに及び腰の印象が際立った。

笑顔の林芳正氏は「外相失格」

そんな中、林芳正外相（当時）は、中国が仕掛けた罠《わな》にまんまと乗せられてしまったのではないかと思われることをしでかした。そう思わざるを得なかったのが、2023年4月1日から2日間の日程での中国訪問だ。なぜなら、直前の3月25日、アステラス製薬の現地法人幹部の50代の男性が中国当局に身柄を拘束されたことが発覚したからである。

直接会って抗議し、早期の解放を求める選択肢を頭から否定するものではない。

しかし、林氏が中国の秦剛《しんごう》外相（当時）に抗議の意思を伝えたところで、中国側が政治的意図を持って男性を拘束した可能性がある以上、

「はい、お説ごもっとも。早めに解放いたしますね」

というわけがない。

林氏は訪中をキャンセルすべきではなかったのか。訪中を前にした日本側への外交的な揺さぶりだった疑いも捨てきれない。しかも、李強《りきょう》首相や外交担当トップの王毅《おうき》共産党

政治局員への表敬訪問では、日本人が反スパイ法違反という事実関係不明の容疑で拘束されている中、林氏は満面にこぼれんばかりの笑みをたたえる始末である。その写真や動画が世界中に配信された。

今回拘束された男性を含め、今も拘束されている5人や、かつて濡れ衣同然の容疑で起訴されて刑期を務めた人が見たらどう思うのか、林氏は想像できなかったらしい。

外交上の問題もある。李氏や王氏と嬉しそうに握手する林氏の表情が同盟国や同志国に対し、どんなメッセージとなって伝わったか。損なわれた国益は計り知れない。

中国にいったい、何をしに行ったのか。〝ゼロ回答〟という土産をひっさげて帰国した林氏には強く反省を求めたい。

林氏以外にも森山裕幹事長、二階俊博元幹事長など、中国詣《もう》でする議員が後を絶たない。しかし、結局、習氏には会えず、王毅外相との会談も、約40分も待たされ外交的成果はほぼ手ぶらに等しい。「日中友好議員連盟」が訪中した前日の2024年8月26日、中国軍機が日本の領空を初めて侵犯した。前月には蘇州《そしゅう》で日本人母子が暴漢に襲われる事件が発生した。訪中後の9月には深圳《しんせん》で登校途中の日本人男児が暴漢に刺され、死亡する痛ましい事件も起きた。あまりにタイミングの悪い訪中である。

二階氏らは、いずれについても、強く抗議すべきであったが、しなかった。雁首《がんくび》揃えて何をしに行ったのか。福島原発のALPS処理水の件も、いうべきことをいわず、中国側に「危険な核汚染水」などと、いわれっぱなしだった。

処理水が「危険な核汚染水」でないことは、2024年9月20日、中国が日本の海産物の輸入を解禁したことで明らかだ。冷遇ばかりが目立った二階訪中団の哀れは、今の日本政界の縮図ともいえよう。

非人道的な「居住監視制度」

中国共産党は知られている通り、必ずしも一枚岩ではない。幅広い人脈といっても、交流する相手次第で政争に巻き込まれる可能性もある。

例えば、14歳から28歳までの若手エリート団員を擁する中国共産主義青年団（共青団）がある。党の高級幹部の子弟などで特権的地位にいて、中国の政財界や社交界に大きな影響力を持つ太子党《たいしとう》と呼ばれる勢力もある。「親の七光り」である。

前者は2023年3月の全国人民代表大会ではずされた李克強前首相（故）がそうであ

るし、後者はいわずと知れた習近平国家主席の一派である。

この政争に巻き込まれた可能性があると証言するのが、元日中青年交流協会理事長、鈴木英司氏だ。２０１６年に反スパイ法違反などの容疑で北京市内の空港で拘束され、空港敷地内で待ち伏せしていた北京市国家安全局の男数人に拉致された。黒く厚いカーテンで閉ざされた部屋で7カ月間監禁された後に逮捕され、２０２２年10月、６年の刑期を終え帰国した。

鈴木氏は押しも押されもせぬ〝中日友好人士〟であり、今でも自身のことを「親中派」だったと語る。

鈴木氏は帰国後、拘束の経緯や監禁の実態などについて、ＮＨＫなどさまざまなメディアや、『中国拘束２２７９日　スパイにされた親中派日本人の記録』（毎日新聞出版社）で語っているため、ここでは、ほかのメディアが詳しく取り上げていない重大なポイントに絞って問題点を紹介したい。

それが居住監視制度だ。２０１２年に刑事訴訟法が改正され、裁判所による逮捕令状がなくても、公安当局が指定した施設で、監視や拘束が可能となった。「指定居所監視居住」という項目が加わった第73条に基づいている。民主国家ではおよそ考えられない、デタラメな制度である。「疑わしきは罰せず」という言葉があるが、「疑わしきは拉致してしまえ」というのだから、もう何でもありだ。司法制度と呼ぶのもはばかられる。

鈴木氏は7カ月もの間、居住監視という名のもと、劣悪な環境で監禁された。

鈴木氏が「太陽を見たのは一度だけ。カーテンで閉め切った部屋には監視員が交代で見張りを続けていた。電灯は24時間つけっ放しだった」と語る。続けて、「居住監視の間に助けてもらえなければアウト。逮捕されたら間違いなく起訴される。反スパイ法違反だと、場合によっては死刑を含む重刑を科せられる。とんでもない人権侵害を平然と行っている」と憤慨《ふんがい》する。

この改正刑事訴訟法の2年後に施行されたのが、悪名高い反スパイ法だ。中国人同士の密告を奨励し、2014年に施行されてから、鈴木氏やA氏を含めて17人の日本人が拘束され、一人が獄死、11人が刑期を終えて帰国した。

反スパイ法の要件は、外国勢力による中国政府の機密の入手や中国人に対する「そそのかし」などだ。問題は「その他のスパイ活動」という部分で、曖昧《あいまい》な文言が恣意的な運用の温床となっている。

2023年3月の全国人民代表大会で、この反スパイ法を改正し、夏に施行されたが、拘束される日本人が今まで以上に増えていくことが予想される。日本に帰国する際には一人で空港に行かないなど、拘束を防ぐ方策もなくはないが、拘束するかしないかは相手の胸一つで、防ぎようがないのが実情だ。

習近平国家主席は、中国共産党による司法の統制を意味する「党の全面的な法治国家の指導」を掲げている。つまり、共産党が国内法の上位にある異常な社会が今の中国なのである。鈴木氏のときもそうだが、A氏がスパイ活動に関与したといいながら、中国当局が容疑事実を明らかにしない以上、恣意的に拉致、拘束した可能性が否定できない。

中国側の笑顔に騙されるな

鈴木氏は2023年4月3日、都内で筆者のインタビューに応じ、太子党や共青団にそれぞれ深く食い込み過ぎたことが、当局の目に留まったのではないかと述懐《じゅっかい》していた。A氏と鈴木氏、2人に共通するのは、観光客や短期滞在のビジネス関係者ではなく、中国の内部事情に精通する〝中国通〟だったということである。

習近平政権は2014年に反スパイ法を施行するなど、中国で活動する外国人の摘発を強化している。中国ではスパイ容疑などによる日本人拘束が続いており、15年以降、少なくとも計17人にのぼる。

中国はスパイ行為の定義を拡大した改正反スパイ法を2023年7月に施行し、取り締まりのさらなる強化に乗り出している。習氏の政権固めと歩調を合わせる動きだ。今後、日本人拘束事件は、増えこそすれ減ることはないであろう。

にもかかわらず、「日中友好」だとか、「ウィン・ウィンの関係」などと近寄ってくる中国側の笑顔に騙《だま》され、国際社会における21世紀の反社会勢力、中国共産党と組んで企業利益の増大に邁進しようという日本企業が後を絶たないのはどういうわけか。懲役12年の判決を受けた日本企業は、社員を見殺しにするのか。名乗り出て救出を急げ。

台湾有事は、いつでも起こり得る。台湾有事は、日本有事である。そのとき、10万人以上とされる中国在留日本人はみな人質となるだろう。

人質は日本政府の外交、軍事上の手足を縛る。その厳しい現実を中国に進出した日系企業は想像したことがあるのだろうか。

企業ばかりではない。それを後押しする日本政府も地方自治体も、中国の巨大経済圏構想「一帯一路」などに惑わされず、中国からの撤退、縮小を真剣に考えていくべきである。

元警視庁公安捜査官は語る

身柄の拘束から判決まで、根拠となる事実を公にしないまま、人身の自由を奪う。それが今の中国共産党政権である。

もっとも、捕まえた後に、でっちあげに近い形で容疑事実に関する調書を作成していくのだから、根拠となる事実など公表できようはずもあるまい。こんな人権侵害を断じて認めるわけにはいかないのだ。

日本の専門家は、A氏が拘束された事件をどう見るか。元警視庁公安捜査官で、日本カウンターインテリジェンス（スパイ対策）協会代表理事の稲村悠《ゆう》氏に2023年4月3日、都内でインタビューに応じてもらった。鈴木氏に会ったのと同じ日である。

稲村氏は、警察学校を首席で卒業し、同期生で最も早く警部補に昇任したエリート中のエリートだ。元公安部捜査官として、カウンターインテリジェンスの最前線で、多くの諜報活動の取り締まり及び情報収集に従事し、警視総監賞などを多数受賞した元敏腕捜査官でもある。刑事としても、強制性交等事件や強盗致傷事件などの多くの凶行事件を担当した。退職後は、大手金融機関における社内調査や、大規模会計不正、品質不正にかかわる不正調査にも従事し、捜査経験を活かした社内調査に関する多くの知見を有するほか、大手コンサルティングファームにおいて各種企業支援コンサルティングに従事している。

稲村氏は、A氏など日本人を拘束する中国側の思惑について、3つを挙げる。

一つは、中国による正当なスパイ行為の摘発という。欧米諸国をはじめ主権国家であれば、どこの国でも行使する当然の行動だ。

日本も窃盗など現行法を駆使して対応しているが限界がある。安全保障上の観点から、きちんと定義されたスパイ防止法の制定が必要だと、稲村氏は主張する。スパイ防止法があれば、日本の捜査当局も、普段は泳がせていた工作員の身柄を拘束することで、「人質外交」を展開する中国当局を牽制し、拘束されている日本人の解放につなげることも可能となろう。

二つ目の思惑は「見せしめ」だという。これには、外交カードとしての側面と、日本のインテリジェンスコミュニティに対して圧力をかける意図の二つの側面がある、としている。前者の場合、先進国（G7）広島サミット前で日本を牽制した可能性があると稲村氏は語る。林氏の訪中に対する揺さぶりだった可能性もあろう。後者の場合、突然の身柄拘束という強い姿勢を内外に示すことで、中国における情報収集には危険が伴うことを知らしめる効果があるという。

三つ目は、中国自身が欲しい情報を収集するための拘束である。A氏を帰国直前に捕まえたのは、ビジネス上の機密情報が詰まったパソコンや資料を日本に持ち帰られる前に押さえてしまうためだ。

稲村氏は「帰国時に拘束することで、重要な情報を持った日本人を拘束し、非常に良い情報を効率的に収集できる」と話す。続けて、「気を付けるべきは反スパイ法の曖昧《あいまい》さと恣意的運用だ。ほかにも国家安全法、国家情報法、国防動員法がある」と警鐘を鳴らす。

北海道大学の教授ら学術関係者やビジネスマンなど、いつ何時、だれが拘束されてもおかしくないのが中国という国家なのである。

ふだんは反応の鈍い日本の経済界だが、日本商工会議所の小林健《けん》会頭は2023年4月6日の会見で、A氏の拘束を「非常に憂慮している。どのような行動が法に抵触したかという理由を中国当局は明らかにする必要がある。何もなされなければ疑心暗鬼となって中国でのビジネスへの不安感が増幅される。経済交流の基盤である自由に行き来できるという信頼感にひびが入るのは、日中双方に好ましくない」と述べ、経済界として事態の早期解決を望む考えを強調した。

一方で、小林氏は「中国は巨大な市場を持つ隣国である。こうしたことを克服し、経済交流は続けていくべきだ」との認識も示した。

それでもなお、日本企業は中国で商売を続けようというのだから情けない。鈴木氏やA氏が身柄を拘束されたからといって、直ちに中国から撤退するのは不可能であろう。

だが、中国駐在の社員や家族の安全を守る義務が本社にはある。自信と責任を持って彼らを守ることができると胸を張れるのか、大いに疑問だ。チャイナリスクを甘くみてはいけない。撤退を視野に中国以外で事業展開することをお勧めしたい。

日中経済協会と経団連、日本商工会議所は2018年9月、経団連の中西宏明会長（当時）や、日商の三村明夫会頭（同）ら、企業関係者約240人を中国に派遣した。3団体は前年にも訪中し、李克強氏を表敬している。

日中の貿易総額は、3914億4049万ドル（2021年）で、日本にとって米国と並ぶ最大の貿易相手国ではある。中国にとって、日本は米国に次ぐ二番目の貿易相手国であり、深い依存関係にある。企業が利潤を追求するのは当然だが、経済活動だけでは片づけられない問題が駐在員と、その家族の安全なのだ。

台湾有事にでもなったら、中国在住の日本人はどうなるのか。香港やマカオを含め約17万人おり、上海エリアだけでも約4万人いる。在中国の日本人学校の生徒数は約3000人いる。これらの人々は帰国できずに即、人質になる。経済界はこの現実から目をそらしてはならない。駐在員は日本経済の〝人身御供〟ではないのだ。

2　ついに犠牲者が――それでも「遺憾」砲で終わる愚

不当な「身柄拘束」

人口約2500万人の中国最大の経済都市、上海では、新型コロナウイルス感染症を封じ込めるため、2022年3月28日から5月末まで都市封鎖が続いた。上海市当局は6月中には全面解除する方針を表明したが、この間の人権侵害は強権国家ならではの苛酷《かこく》なものとなった。上海エリアに住む日本人は、居住地から外出もできずに軟禁状態となり、非人間的な生活を強いられた。

習近平政権が「共産党による指導と社会主義制度の顕著な優越性」を内外に示すため、感染拡大を徹底的に抑え込む「ゼロコロナ」政策を堅持する方針に固執したためである。

コロナが発生した武漢で行った都市封鎖による収束という成功体験にすがり、3期目を狙う習政権の成果として国内外にアピールしたい思惑があったのだろう。

日系企業はどうか。読売新聞などによると、上海市中心部から南へ約60キロのところにある三井化学と国有企業の合弁会社の場合、都市封鎖が始まる数時間前に急きょ工場に入り、工場内で寝泊まりを続けて稼働させたという。製造しているのは自動車部品に使う合成ゴム原料などで、勤務時間以外は工場の会議室に簡易ベッドや段ボールを並べて寝る日々。厳格な防疫対策のために帰宅もできない状態だ。

それにしても、日本の経済界はあまりにも呑気である。2005、12年に起きた官製の反日運動「抗日有理、愛国無罪」で、さんざん痛めつけられた揚げ句のコロナ禍による都市封鎖である。パンデミック（世界的大流行）の影響で、日本を含む世界中の多国籍企業がサプライチェーン（供給網）の脆弱《ぜいじゃく》性に気づき、中国への過度の依存の危険性を改めて認識したのではなかったのか。

日本の同盟国である米国と鋭く対立する中国での事業展開はとりわけリスクが高い。韓国のロッテグループは2017年、ミサイル迎撃システム「高高度防衛ミサイル（THAAD）」を配備する韓国政府にゴルフ場の提供を約束した。THAADが中国国内の軍事飛行も追跡できると反発した中国当局は、ロッテグループの中国国内の数十店舗を営業停止とする報復に転じ、ロッテグループに2億ドル（約260億円）近いダメージを与えた。

中国経済に詳しい評論家の宮崎正弘氏は、「中国特有の官僚システムのセクト主義に小突き回された揚げ句、軌道に乗った日本企業のテナント料をいきなり3倍にするなど、合法的に無謀な条件を突きつけてゆすられる場合もある」と指摘する。端的にいうと、中国から撤退しようとすれば「施設も財産もすべて中国に置いていけ」ということになる。

飲料大手サントリーホールディングスの新浪剛史社長は米誌「ニューズウィーク」（2021年10月12日付／電子版）のインタビューで「中国の生産施設を拡張すべきかを判断しなくてはならない。当局に没収される可能性があることを承知の上で投資すべきなのか。投資するなら、没収されても許容できるかどうかを判断する必要がある」と語っている。

日本人の子どもがついに犠牲に

現在、中国進出の日系企業は、帝国データバンクによると、約1万3600社で、中国関連ビジネスに携わる企業は3万社に上る。中国在留の日本人は約12万4000人いる。

業種別にみると、最も多いのは製造業で約5600社で全体の4割を占める。次いで、卸売業約4500社で3割となっている。進出地域で最も多いのが、中国東部の華東地区で9000社超に上る。

特に上海市は6300社と中国全土で最も多い。1900社が進出している江蘇省《こうそしょう》と合わせ、日系企業の多くが上海経済圏に集まっている。新型コロナウイルスが発生した湖北省武漢市エリアには、多数の日系自動車産業が進出している。

中国が政情不安になった際、あるいは、中国側が尖閣諸島（沖縄県石垣市）などへの挑発を強め、日中両国間の緊張関係が高まったとき、真っ先に危険が及ぶのが日系企業の従業員とその家族である。こうなると、中国にいる日本人は自分で自分の身を守るしかない。子どもの安全は、学校や親がみだりに外出させないなど、適切な対応が求められる。

手元の資料によると、2019年4月現在の在中国の日本人学校の児童・生徒は3000人弱とみられる。上海日本人学校は3校あるが、1校しかカウントされていないので、ほかの2校と記載のない別のエリアの学校の児童・生徒を加えれば4000人を超える。暴動の際、子どもたちの登下校の安全を学校側は確保できるのか。

筆者の懸念は残念ながら的中してしまったのは、先に述べた通りである。会社は社員の安全など考えていないとしか思えない。考えていれば、中国での事業撤退や縮小を考えるべきであろう。目先の利益を追いかけるために、社員やその家族の犠牲をいとわない姿勢は、社畜としかいいようがない。

筆者がオーナー社長なら、そもそも、治安は悪いし、合弁会社の設立を義務付けられる中国なんぞに事業進出しないし、しても即座に撤退する。先輩、上司が敷いたレールの上を走り、次のポストに昇進できればそれでよいと考える小市民的な発想が犠牲者を生んでいるようにしか思えないのである。

そんなことないというのなら、中国に進出した企業の社長ら役員らは、自分の子弟や孫を蘇州や深圳に住まわせたらどうだろうか。

5章

中国におもねるバカども

——もう恥さらしはやめるべきだ

1 川勝平太――歴史に残る汚名

恥をさらした引き際

ひとを小バカにした数々の舌禍《ぜっか》と日本の国富であるリニア中央新幹線の開業に大きなダメージを与えたことへの反省の色は微塵《みじん》もみられない。むしろ勝利の美酒に酔いしれているのではないだろうか。事業主体のJR東海が当初予定していた2027年の開業を断念に追い込むことに成功したからだ。

2024年4月10日、静岡県議会に退職届を出した川勝平太知事のことである。リニアに反対の意向を持つと報道された地元財界の重鎮と、リニアの開発競争で日本としのぎを削る中国共産党はさぞがし、喜んでいるに違いない。

ある試算によると、失われる経済効果は10兆円以上に上る。実際につぎ込んだ工費の損失を含めると、損失額は計り知れない。

　辞職を表明した直後の会見で川勝氏は、「早期開通に向けてリニアの足を引っ張ったことは一度もない」といい放ったが、県側の要望を処理するのに時間がかかったからJR東海は断念の決定をせざるを得なかったのだ。やってきたことは環境問題を理由とした妨害工作だといわれても仕方あるまい。

　川勝氏は地元の重鎮と中共の依頼でも受けて妨害工作に心血を注いでいたのではないか――。

　そんな疑念を県民のみならず、多くの国民から持たれている。それを地元メディアは何度も会見があったのに真正面から聞こうともしなかった。川勝氏によるリニア妨害工作は、メディアの存在意義にかかわる重大な問題でもあったのだ。

　川勝氏は、自分に酔っているのだろう。細川ガラシャ（明智光秀の娘で細川忠興の正室。石田三成《みつなり》軍によって不遇の死を遂げた）の辞世の句を引用して自らの引き際を美しく着飾ろうとした姿は滑稽《こっけい》ですらあった。

「散りぬべき　時知りてこそ……」

　句の紹介はやめておく。教養高い悲劇のヒーローを演じようとした川勝氏の三文芝居。

その片棒を担《かつ》ぎたくないし、義を通した細川ガラシャにも失礼だからだ。

前日の9日に行われた静岡県立大学の入学式であいさつした川勝氏は、「不愉快な思い、傷ついた人がいるといたしますれば、本意ではございません。どうぞお許しください」と語っていた。だが、その顔はニヤけていた。どれだけの人を不快にし、どれだけリニア開業にダメージを与えたかについての反省の色は、映像からは微塵も伝わってこなかった。

そもそも川勝氏は舌禍事件が後を絶たなかった。詳細は後述するが、県全域の政治を担う知事でありながら、県東部に位置する御殿場市を揶揄《やゆ》し、差別するような発言を行った。

その後は懸命にこの地域の振興を口にしたが、額面通りに受け止める人がどれほどいるだろうか。ほかにも川勝氏の不適切な発言は枚挙にいとまがない。

2019年12月には、県議会を念頭に、

「やくざ集団、ごろつきがいる」

と語った。

2020年10月には、日本学術会議会員の任命問題をめぐって、

「(菅義偉《すがよしひで》首相の) 教養レベルが露見した」

と述べた。いずれも撤回し、謝罪している。これら一連の発言は、静岡県という一地方

の問題と片付けて良い話ではないのだ。

川勝氏は、さぞかし自分のことがお好きなのだろうと思っていたが、そうではなかったらしい。

「私はウソ偽りをいう人間が大嫌いです！」

「筋《すじ》を曲げる人間が大嫌いです！」

２０２１年６月、４期目を狙う県知事選での選挙期間中、選挙カーの前で右肩から淡い青色のたすきをかけた川勝氏がマイクを握りしめ、こう熱弁を振るっていた。その動画は今も交流サイト「Ｘ（旧ツイッター）」に残されている。

コシヒカリ発言が飛び出す４カ月前のことである。一部を切り取った動画だから、どういう文脈で語ったかは不明だ。今はＡＩで特殊な加工も可能で、フェイク（偽）動画かもしれないから断定はできない。だが、これが本当なら、自分を責めているようにしか見えないから滑稽だ。

なぜ滑稽かというと、川勝氏がウソをついていたからである。コシヒカリ発言の責任を取る形で給与と期末手当を返上すると宣言したが、返上していなかった。県条例に基づいて２０２２年７月３日までに公開された所得等報告書で明らかになった。

発端は2021年10月23日、参院静岡選挙区補欠選挙の応援演説で、同県の御殿場市を「コシヒカリしかない。飯だけ食って、それで農業だと思っている」と述べた。対立候補の地元は御殿場市だった。地域を分断する差別発言だ。

問題の演説から2週間以上たった11月10日になってようやく、川勝氏はコシヒカリ発言を撤回したうえで、謝罪した。

だが、誠意が感じられないとして事態を重くみた県議会は11月24日、知事の辞職勧告決議を賛成多数で可決し、御殿場市民が提出した知事辞職を求める請願も可決した。自民、公明両党が提出した決議案は「県を分断する発言により、県民の心を深く傷つけ、県政の停滞と混乱を招いた。知事としての資質を欠いている」という内容だ。

川勝氏は「極めて深刻に受け止め、猛省しなければならない。生まれ変わると富士山に誓った」と述べたものの、法的拘束力がないことから、川勝氏は辞職しない意向を示した。

耳を疑うのは、返上していないことが発覚した2022年7月4日の川勝氏の発言だ。

「熟慮した結果、発言へのけじめは知事の職責を果たすことだと思い至った」

と述べ、今後も返上しないどころか、知事続投を宣言した。ウソをつく人間、筋を曲げる人間は大嫌いではなかったのか。一度公言しながら、うやむやにする。政治家として、あるまじき行為である。知事として不適格であることを改めて示した。

ただ、給与などの返上が簡単にできないのも確かである。

川勝氏が給与と期末手当を返上していなかったことが判明した直後の7月初め、筆者の電話取材に対し、静岡県知事室は、「川勝氏は直後に条例案づくりを進めたが、議会側との調整が不十分で12月の支給に間に合わなかった」と回答した。

公職選挙法の規定で受け取った給料の返上は、寄付行為にあたり認められないため、返上するには新たな条例が必要となる。

知事側は水面下で議会側と折衝したというが、県民に対し、どこまで透明性をもって語ったのか。問題なのは、結果として条例制定が見送られたまま、給与と期末手当の返上問題が放置されたことだ。給与などを返上する姿勢さえ示せば、実際に返上しなくとも県民にバレずにいられると思ったのだとしたら勘違いも甚《はなは》だしい。神宿る霊峰富士への誓いは真っ赤なウソだったことになる。

その場限りの発言を繰り返す川勝氏は、コシヒカリ発言の4カ月前に4期目の当選を決めたばかりだ。自分が行政責任を負う御殿場市をこき下ろして喜ぶ姿は、まわりをイエスマンで固め、多選に胡坐《あぐら》をかく「裸の王様」そのものだった。

数十兆円の損害を生み出した

川勝氏は舌禍事件を受け、(夏の賞与を受け取ることができる)2024年6月の県議会まで待って辞めるといっていたが、4月10日に退職届を出した。これも「今すぐ辞めよ」という批判の声に抗《あらが》えなかったからという見方もあるが、6月議会で7月選挙となると、新人も含めて有力な候補が多数名乗り上げるには十分な準備期間ができる。

そのため、あえて5月の選挙にして、鈴木康友氏(元浜松市長)を事実上の川勝後継候補として立て、知名度の高い候補が有利な短期決戦の形にして鈴木氏を勝たせるという思惑があったのではといわれている。

貧すれば、鈍す――。15年の長きにわたって静岡県に君臨した自称「教養高い男」の情けない引き際だった。

「一番大きかったのは、リニアです。一里塚を超えて、区切りを迎えたことです」

退職届を提出した1週間前の4月3日。川勝氏は記者会見で、辞職の理由について聞かれて臆面もなくこう語った。リニアの開業を断念に追い込み、あたかも目標を達成したから辞めるかのような物言いをしたのである。本音が出たのではないか。

辞任表明の直接の引き金は、農業従事者らを差別した発言だった。

川勝氏は4月1日、県庁の新規採用者への訓示で、「県庁はシンクタンク。野菜を売ったり、牛の世話をしたり、ものをつくったりとかと違い、皆様は頭脳明晰、知性の高い方たちです」と述べた。辞職はこの発言の責任をとった形だが、本当の理由は、3日の会見で語った通り、リニア開業阻止という目標を達成したからだろう。それは、以下の発言をみても間違いない。

「みなさん、見ましたか？　私たちの勝ちです！」

JR東海が2023年12月、静岡工区の工事に着手できていないことを理由に当初予定していた2027年の開業を断念し、開業時期を「27年以降」とする方針を国に申請し直した際のことだ。

川勝氏は、この勝利宣言を「県幹部の前で興奮気味に語った」（2024年4月6日付／「静岡新聞」朝刊）という。同紙によれば、居合わせた幹部は、「工事の環境影響への最小化ではなく、開業を遅らせ、自らの主張をJRに認めさせることにすり替わっている」と語ったというが、その通りであろう。

ミッション・コンプリート（リニアを頓挫《とんざ》させる任務完了）。川勝氏は文字通り、政治生命を懸けてJR東海との戦いに勝利したと結論付けたのである。そうであれば、差別的な発言を撤回し謝罪しても、痛くも痒《かゆ》くもなかろうというものだ。

リニア中央新幹線は、旧国鉄時代からJR東海が技術の粋を結集し、東京・品川―名古屋間の開通を目指して取り組んできた国家的プロジェクトだ。総工費は2021年4月現在で7兆400億円が見込まれていた。

川勝氏の妨害により、国民から徴取した血税がどれだけ水泡と帰したのか。国が責任を持って試算した上で、国民や県民になり代わり、県と川勝氏に対して損害賠償請求訴訟を起こすべきではないのか。

京都大学大学院の藤井聡教授の試算によると、東京―名古屋間の工事の遅れは名古屋―大阪間の遅れにつながる。この結果、名古屋―大阪間で期待された年間7兆円、一日当たり200億円の経済効果が失われる。東京―大阪間だと、一日400億〜500億円、トータルで数十兆円の損失に上るという（4月11日付／「新経世済民新聞」電子版）。

これらの数字は、国土交通省とともに開発した全国各地の新幹線や高速道路などの交通インフラ整備による経済効果を推計するマクロ経済シミュレーションモデルを用いて弾き出した。リニアの技術は、電磁式カタパルトといって、リニアモーターによって航空母艦から固定翼機を発射するシステムに応用されている。中国人民解放軍が喉から手が出るほど欲しがっている技術なのである。

だが、川勝氏は静岡県内の問題にとどまらず、リニアという最先端技術を人質に、日本の国富に大きなダメージを与えてきた。日本より先に長距離の商業運転開始を狙っているとみられる中国を利する結果となっている。日本の輸出戦略に大きな影響が出るのは火を見るより明らかだ。

首長がその矩《のり》を踰《こ》え、国家存立の根幹にかかわる安全保障を左右することは許されない。川勝氏の汚名は長く日本の歴史に刻まれることであろう。

二転三転のリニア発言

特に問題の根が深かったのは、リニア中央新幹線の整備をめぐり、JR東海が山梨県内で進めているボーリング調査の中止を求める川勝氏の二転三転する姿勢だった。

「産経新聞」によると、川勝氏は静岡の地下水が湧き水となって山梨側に流出することへの懸念を、科学的根拠を理由に反対している。過去、湧き水という「水抜き効果」に疑問を示していたのとは正反対の見解だ。

工事関係者らが「反対のための反対だ」と批判するのも頷《うなず》ける。

掘削時に予想される湧水がトンネル内を通じて山梨側に流れ出てしまうとの懸念が静岡県から示されたことを受け、JR東海は静岡側から水抜きを目的としたボーリングを行うことを提案した。だが、県は「高速長尺先進ボーリングは断面積（直径）が非常に小さく、ボーリングによる水抜きは効果がある方法とは認められない」と一蹴した。

JR東海は現在、先端の直径が12センチのロッドを使った「高速長尺先進ボーリング」で、山梨県内を静岡県境に向かって掘り進んでいる。

ボーリング調査は県境付近の地下には水分を含みやすい破砕帯があるとされ、地下水の流出量から地質や水の分布を調べるために実施している。山梨県の長崎幸太郎知事は、2023年5月末に自民党本部で行われたリニア整備に関する特別委員会で、今回のボーリング調査を「作業員の命を守る何よりも重要なもの」と語った（2023年6月19日付／「産経新聞」電子版）という。

同席した川勝氏は、

「(調査に懸念を示す）科学的根拠がある」

とアピールし、JR東海幹部が2011年に執筆した論文「長大山岳トンネル施工を見据えた長尺先進ボーリング技術の開発」を示した。従来の工法よりも「水抜き効果」が大きいなどと書かれていた。

かつては「水抜き効果」への疑問を寄せていた静岡県だが、今では水抜きによる湧水の流出を懸念するスタンスに転じたというのだから、何をかいわんや、である。JR東海では、2023年3月の県専門部会で県側の矛盾を質《ただ》したほどだ。JR東海が山梨側で進めるボーリング工法によって、静岡の湧き水が山梨側に流れると主張するのであれば、「静岡県にこそ、その立証責任がある」(政府関係者）という指摘はもっともであろう。

筆者はかつて神奈川県内に住んでいた際、リニア実験線に試乗する機会があった。スタート直後は車輪で走り、一定の速度が出たところで「ふわり」と宙に浮く感じが座席から伝わってきたのを覚えている。トンネル内を走行(浮上）していたので、車内の速度計が500キロを超えたのを確認しても、実感は正直なかった。

途中、トンネルを抜けて一瞬だけ窓外を見たとき、田園風景が左後方に文字通り「飛んでいく」のを見て、リニア新幹線がとてつもない化け物であることを思い知ったのである。

リニア新幹線がかすする程度の神奈川県内にも新駅ができる。にもかかわらず、県内を通過する静岡には、川勝氏が切望していたとされる新駅（静岡空港新駅）ができない。静岡工区で工事が進まないのは、そこに嫉妬と嫌がらせの感情が絡《から》みあっているのではないか。

NHKは2023年1月のインタビューで「静岡以外では今、工事が進んでいるわけです。静岡のせいでリニア工事が止まっているという意見もあり、静岡だけが悪者になっているという意見も聞こえてきます」と川勝知事の本心を質している。

川勝氏は、

「本当に促進しているのは誰かといえば、私は自分だと思っていますよ。だって、現状を知らなければ前に進めないいじゃありませんか」

と応じたが……。

リニア新幹線ではないが、静岡県は茨城県を見習うべきだ。神奈川県に移住する前、筆者は茨城県民だった。その茨城県にはリニア新幹線計画どころか、県内を線路が走るのに東北新幹線の駅すらない。だが、静岡県のようにゴネまくったという話は聞いたことがない。川勝氏は茨城県民の爪の垢《あか》でも煎じて飲んだらどうか。

県内には、東海道新幹線の駅が6つもある。一方、一日1000人も利用客のない赤字続きの無駄な静岡空港をつくっておきながら、わずか10キロだけを通過する静岡県にリニア新幹線の新駅が必要だという料簡《りょうけん》が、筆者にはまったく理解できない。県は２０２３年度の空港振興関連事業に31億２１００万円もつぎ込んでいる。

当時の中谷真一経産副大臣（自民党、衆院山梨１区）は２０２３年7月25日、甲府市内で開かれたリニア中央新幹線建設促進山梨県経済団体協議会の会合で、静岡県を「自分のところに駅ができないからといって反対するのはとんでもない話だ」と批判したのも頷ける。

「スズキ」の操り人形

川勝氏の辞職を機に、大井川水系の水への影響など「反対のための反対」を繰り返してきた川勝氏を操っていたのではないかとみられる〝黒幕〟の存在が浮上してきた。

地元経済界に絶大な影響力があり、財界の〝ドン〟とも称される自動車メーカー「スズキ株式会社」の鈴木修《おさむ》相談役だ（２０２４年12月25日に死去。享年94）。

『俺は、中小企業のおやじ』（日経ＢＰマーケティング）という著書でも知られる鈴木氏は、川勝氏の有力な支持者で、川勝氏が２００９年の最初の知事選で薄氷を踏む勝利を収めたのも、川勝氏を担いだ鈴木氏の力が大きかった。

辞職を表明した翌日の2024年4月3日、記者会見を終えた川勝知事が真っ先に向かったのは浜松市内の料亭だった。長年、公私にわたり支援を受けてきた事実上の後援会長で生みの親である鈴木氏に会うためだ。

面会した鈴木氏は翌4日、記者団に「リニアには反対だ。東京―大阪間にリニアが完成すると、一極集中が避けられない」と語った。報じたのは、静岡朝日テレビだけだった。鈴木氏がリニア開業に反対であることを「初めて公言した」(地元の関係者)瞬間だった。鈴木氏は体調が悪くて声が出ないため、実際のやりとりは筆談だったという。

川勝知事はリニアへの妨害を批判されるたびに、「リニアの一番の推進者は私だ」などと寝とぼけたことをいっていた。

だが、頑《かたく》なにリニア開業を妨害していた理由が、鈴木氏への配慮にあったことが浮き彫りになってきた。

静岡朝日テレビの報道に注目したのが、ジャーナリストの須田慎一郎氏だ。

須田氏は、川勝氏がリニア開業に反対の鈴木氏の意向を汲んで反対のための反対を続けていたこと、さらに、その鈴木相談役が地元経済界で主導権争いをしていたJR東海の葛西敬之《よしゆき》名誉会長（故人）と犬猿の仲だったこと――などを自身が運営する動画「別冊！ニューソク通信」で掘り下げて論じた。

それにしても、エリートが、特に官僚が最も嫌いだとされる鈴木氏が、エリートを自任する川勝氏をかわいがったのはなぜなのか。川勝氏を子飼いにすることで、心の隙間を埋めようとしていたのではなかろうか。

鈴木氏のいう「一極集中が進む」という見立ても、それを証明する科学的データはない。さきの藤井教授によると、リニアの開通でむしろ、一極集中は緩和する。東京圏では47万人の人口減、名古屋圏は19万人増、大阪圏は26万人増となる。裏を返せば、東京―名古屋間、名古屋―大阪間を同時開業できなければ、東京圏に20万人を奪われ一極集中が進むという（『新経世済民新聞』電子版）。

さて、須田氏によると、浜松市内にあるスズキ本社前の踏切の存在が、そもそもスズキ側にとって気に食わないのだという。確かに、本社の北側には東海道新幹線が走り、正面すぐには、在来線の東海道本線が走っている。地形的にJR東海に包囲された形のスズキ本社に正面から入るには、この踏切を通らなくてはならないのだ。

このため、スズキ側は線路の高架や地下化を再三にわたって要求していたにもかかわらず、JR東海側に相手にされなかったことに恨みを抱いていたのではないかというのだ。

スズキにとっては切実な問題なのだろうが、これが本当ならリニアという国家事業に比べてあまりにも話が小さい。踏切問題の意趣《いしゅ》返しが、リニア反対であり、子飼いの川勝氏を使ってそれを妨害していたのが事実とすれば、どこまでも姑息《こそく》である。

そもそも、リニアは静岡県内を10キロも通っていない。時速500キロを超えるリニアだと、わずか1分で通り過ぎる距離だ。科学的根拠に欠ける環境への影響を理由に国家事業に〝横やり〟を入れるなど、あってはならぬことである。

百歩譲って、リニアに反対するのは勝手である。だが、鈴木氏が二人羽織のように川勝氏を使い、票を〝人質〟にリニア妨害の実力行使に出たのが事実であれば、許しがたい所業である。老害もここまでくると犯罪に等しい。

静岡県牧之原市の杉本基久雄《きくお》市長は4月4日の会見で、川勝氏について「自分を美化し、リニア開業を10年遅らせたのは〝俺の手柄〟といってすり替えている。リニアを潰すつもりでやっていたんですかね。大問題だと思う」と述べ、「国家プロジェクトであるし、国も3・5兆円の財政投融資をしている中で、それを7年止めたとなると、ぼくは犯罪じゃないかと思う」と非難した。

筆者は、静岡朝日テレビが報じた鈴木氏の「リニア反対」「一極集中」に関する発言の真偽と、リニア反対の理由、川勝氏の背後に鈴木氏の存在があったこと、葛西氏との確執の有無、リニア開業に対する妨害が第三国への輸出に向けて長距離商業化を目指す中国を利することなどについて、鈴木氏はどう考えているのか――スズキ株式会社側に電子メールで質問状を出した。

これに対し、スズキは4月12日、「大変申し訳ございませんが、回答は控えさせていただきます」と電子メールで返信をよこした。

国家への貢献が顕著であるとして、天皇陛下から授与される勲二等旭日重光章、藍綬褒《らんじゅほう》章《しょう》を受章するほどの鈴木氏である。

よもや、日本の安全保障と経済を左右するリニア新幹線という国家事業を妨害しているとは思いたくない。そうでないなら、筆談でもいい。会見を開いて堂々と自らの考えを説明すべきである。

一方、ＪＲ東海は、筆者の取材に「(川勝氏の辞職について)当社はコメントする立場になく、その後の選挙に関することにつきましても、コメントは控えさせて頂きます」と回答した。

筆者は2024年10月16日、山梨県都留《つる》市のJR東海の山梨リニア実験線で試乗した。四半世紀ぶりの二度目の試乗だが、車体はカモノハシ以上に鼻先を平らに伸ばし、2度往復するなど走行もかなりの進化を遂げていた。南海トラフや首都直下地震の危険が迫る中、東京と大阪を結ぶ大動脈を新幹線だけに頼らず、複線化することは至上命題である。川勝氏の陰湿な妨害で完成が遅れた時間は取り戻しようがないが、鈴木康友知事にはつまらぬ妨害などせずに国とJRに協力してもらいたい。

幸い、鈴木知事は今のところリニアに協力的だが、今後、川勝知事のように「東海道新幹線のぞみを停車させろ」とか、「静岡空港にリニアの駅を」などと地域エゴをむき出しにするようであれば、静岡県などこの世にいらぬ。平成の大合併の都道府県版として、静岡県自体を解体して山梨と愛知、神奈川の3県で分割統治するよう、大真面目で提案したい。

川勝氏の「中国愛」

川勝氏が、リニア開業に反対してきたとして疑われるもう一つの理由は、中国共産党政権への配慮である。川勝氏は過去、中国共産党への「愛」を得々と語っている。

２０１２年、中国共産党機関紙「人民日報」海外版日本月刊（9月25日付電子版）のインタビューで、持論の「一国多制度」（一国の中に異なる制度が共存すること）について問われると、「毛沢東の『農村（農民）が都市（ブルジョア）』を包囲する」という理論に興味を持ったと嬉しそうに答えている。

川勝氏はこうも語っている。

「毛沢東の『一国社会主義』の後、１９７８年から鄧小平《とうしょうへい》が中国を改革開放路線に導きました。97年に香港が返還された際に『一国二制度』を提唱されたのを聞いて、これは面白い制度だと思いました。日本は『一国二制度』の考えに工夫を加え、さらに発展させて、『一国多制度』をつくることができたらよいと思います」

不思議なのは、これだけ毛沢東に傾倒しているといいながら、早大政経学部の講師時代、自分が担当していたゼミ生には、ただのひと言も毛沢東のことを口にしなかったという証言のあることだ。50代の元ゼミ生の一人は筆者の取材に、「学生相手に唯物史観について語るわけでもなく、学生運動にのめり込んでいたわけでもなさそうです。毛沢東について語ったことは、ほとんどというか、まったくありませんでした」と語る。

２０２０年には「人民日報」海外版日本月刊（2月25日付電子版）のインタビューで、中国の巨大経済圏構想「一帯一路」について、「陸と海のシルクロードを新しく『一帯一路』とした構想力に敬服しています。ユーラシアからアフリカまで一帯一路は実現されつつあるのは壮観です」と語っている。

「一帯一路」構想は返済不能な巨額融資で途上国を債務づけにし、港湾など重要インフラを債務のカタとして奪うなど、国際的に警戒感が高まっている。こうした事実をどう認識しているのか。隠居したとはいえ、知事時代の発言は残る。情けないほどの媚中ぶりに猛省を促したところで、反省するようなお人ではなさそうだ。隠居したなら、隠居らしく、今後は二度と政治と行政に口出ししないでもらいたい。

2　公明党——なぜ、ここまで中国の顔色ばかりをうかがうのか

中国側のパイプ役として

公明党の親中は、目に余るものがある。最近でいえば、2022年にまとまった、日本の安全保障に関する「安保3文書」の協議が想起される。

公明党は、中国が日本の排他的経済水域（EEZ）内にミサイルを撃ち込んだにもかかわらず、文言から中国の脅威を削る姑息な主張を展開し、実際に文書の一部を骨抜きにした。

なぜ、ここまで中国に媚《こ》びるのか。ひと言でいえば、それが「平和の党」を掲げる党のレゾンデートル（存在意義）となっているからだ。

世界第2位の経済力をつけ、軍事大国としても自己主張を強める中国との対話のパイプをつなぐことが、世界や地域の平和と安定に資するという信念がそこにある。といえば聞

これは良いが、中国にうまく利用されながら政界での地位を確保するしか生き残れないという本能的な欲求が垣間見える。

公明党と中国共産党の関係は実は、自民党より古いとまではいわないが、先である。公明党は1964年の結党大会で、「日中国交正常化」という活動方針を採択している。東西冷戦の真っただ中にあり、国際連合にも加盟していない共産主義国家群の一角にあった中国への秋波である。

1968年には、公明党を創設した宗教団体「創価学会」（本部、東京・信濃町）の池田大作名誉会長（2023年11月死去）が、「日中国交正常化提言」を発表した。池田氏は講演で、「アジアの繁栄と世界平和のため、最も重要な要《かなめ》として中国との国交正常化、中国の国連参加、貿易促進に全力を傾注すべきだ」と語っている。

この動きに反応したのが、自民党の松村謙三元文相と同党の高碕達之助元通商産業相だった。佐藤栄作政権下の1970年、松村氏らは池田氏と面会し、協力を要請するとともに中国側に産湯《うぶゆ》から取り上げられたばかりの公明党の活動方針を同党に代わって好意的に伝えている。

これが奏功したのだろう。71年、中国側が公明党を中国に招請し、72年5月と7月の2

度、竹入義勝《たけいりよしかつ》委員長らが訪中した。竹入氏は周恩来首相と会談している。この年の2月にはニクソン米大統領が訪中し、活発な対中外交が展開された。7月の訪問時、竹入氏は田中角栄首相の事実上の特使として訪中して周恩来と再度会談し、田中首相の親書を手渡している。竹入氏は毛沢東主席の意向を踏まえた中国側の対日方針として、戦争賠償請求権を放棄するという言質《げんち》をとる成果をひっさげ、凱旋帰国した。

野党による非公式外交が国の正式な外交発展につながったのは、後にも先にも公明党以外はないのも事実である。

角栄は竹入氏から渡された周恩来首相との会談内容をしたためた「竹入メモ」を読んで訪中を決意し、同年9月の訪中と国交回復を柱とした日中共同声明の発出へとつなげた。以来、公明党は20回以上も訪中団を結成し、中国共産党と交流を続けている。

中国共産党が自民党ではなく、公明党に国交正常化の露払い役として白羽の矢を当てたのは、自民党内には中華民国（台湾）との関係を重視する勢力が強く、政界にパイプ役不在の中で中国共産党にラブコールを送ってきた稀有《けう》な存在だったからだ。創価学会を支持母体とする公明党は一枚岩で、中国側にとっては、そんな党気質もパイプ役としてうってつけという判断があったのだろう。

角栄が脳梗塞《こうそく》で倒れて東京・目白の田中邸で療養中も中国要人が「井戸を掘った人を忘れない」と訪ねてきたように、中国には「飲水思源《いんすいしげん》」（他人から受けた恩を忘れてはいけない）という格言がある。公明党に対しても同様の姿勢で応じてきた。

公明党よ、「役に立つバカ」になる勿《なか》れ

創価学会も創価大学を舞台に積極的な民間外交に乗り出す。周恩来が掲げる「以民促官」である。同大学は日本で最初に新中国からの国費留学生を受け入れた大学で、「民をもって官を促す」と政策に力を注いできた。卒業生には、歴代最長の9年3カ月の間、駐日大使を務めた程永華《ていえいか》がいる。程は日中国交正常化後、初の中国人国費留学生として来日し、池田大作が身元保証人となって、創価大学に正式に入学している。

最近では、習近平国家主席が2007年11月、副主席時代に山口那津男《なつお》元公明党代表と初めて会談している。習氏は公明党が野党時代の2010年12月にも、山口氏と会談するなど、公明党を重用してきた。安倍晋三首相もこうした公明党と中国側の関係を重視し、訪中する山口氏に親書を手交。山口氏は、安倍氏と習氏による日中首脳会談をお膳立てし

ている。山口氏は2017年までに計4回、習氏と会談するなど、中国共産党との蜜月ぶりをアピールしてきた。

山口氏は2023年11月にも訪中しているが、このときは習氏との面会はならず。蔡奇《さいき》中央書記局書記との会談にとどまった。

与党にいながら、自民党を差し置いて中国共産党と親密に付き合う姿はさながら、イソップ物語のコウモリのような振る舞いに映るが、公明党関係者は筆者に「中国との対話は欠かせない。米国との連携も図りながらバランスをとっていくしかない」と語っている。

公明党が創価学会ともども、中国共産党との関係維持に腐心する理由は以上の通りである。さぞかし公明党は鼻高々と思われるが、中国共産党側に、都合良く利用されている側面も否定できまい。

1974年12月に訪中した池田大作が、北京市内の「305病院」で入院中の周恩来と面会した際のことだ。周が「創価学会は、民衆の中から立ち上がった団体である」と言及したのを金科玉条としているふうである。

ただこれは、中国共産党の人民革命論に根差した表現で、「立ち上がった民衆が腐敗しきったブルジョワジーと地主といった搾取《さくしゅ》階級を打倒して人民政権を樹立する」という理念に合致するのだ。

イデオロギー面で中国共産党が公明党を取り込もうとしたことは明らかだ。公明党がその策略に乗りえないのは宗教政党として当然のことであるが、バランスを欠く交流は続けられた。中国国内における布教の禁止である。

静岡大学の楊海英教授（人文学）は、北京第2外国語学院大学で「日本事情」という講義で触れられた池田と周の会見について、こう語る。学会の公式見解とは全く別の角度で教えられていたというのだ。周の「公明党は中国での布教をもくろむのではなく、日中友好活動だけやってください」という発言が教科書に記載されていたという（2021年5月18日付／「ニューズウィーク」日本語電子版）。

中国側と創価学会側は「日中友好」については合意に達していたものの、布教の自由を与えないと周から事前にクギを刺されていた。

楊氏は、「創価学会が片思いを寄せる日中友好も、最初から信仰の自由のない政治的なゲームでしかなかった。今、周の祖国は対外的にはアジアの平和と世界の安全に危害を及ぼし、対内的にはウイグル人に対するジェノサイドを進めている。いや、そもそも周は日本で崇拝されるほどの高潔な人格の持ち主ではなかった」と断言、日中友好にのめり込む公明党・創価学会の姿勢に釘を刺している。

さらに楊氏は、「1966年から始まった文化大革命中に内モンゴル自治区でモンゴル人34万人が逮捕され、2万7900人が殺害され、12万人が負傷した。その大虐殺の最高責任者の1人が周だ。彼は決して人格者ではなかったと、彼を身近で観察していた共産党中央文献研究室の高文謙《こうぶんけん》も著書『周恩来秘録』で証言を残している」と語る（同）。

対内的にはジェノサイドを実施し、対外的には覇権主義的行動を続ける中国に対して、日本の国会は非難決議を準備している。しかし、公明党はかたくなに反対し続けている。「自身の理念と乖離《かいり》した反人道的な『日中友好』論を優先している限り、公明党の変質は止められないだろう」というのが楊氏の言い分だ。

筆者にいわせれば、平和や人権を掲げる公明党こそ、こうした中国の人権弾圧に非難の声をあげてしかるべきだと思うのだが、そういう素振りは見えない。冷戦期、旧ソ連は西側諸国に潜《ひそ》む対ソ協力者を「役に立つバカ」と呼んで、冷笑していた。公明党・創価学会も中国側から、「役に立つバカ」と思われていないことを願うばかりである。

3　田中角栄の功罪――日中国交正常化の光と影

寄ってたかって角栄を吊し上げたマスコミと特捜部

東京地検特捜部による自民党清和政策研究会（安倍派）らに対するパーティー収入不記載（裏金）事件での捜査が早くも尻すぼみだ。

裏金づくりは派閥ぐるみとみられていたが、事件は清和研幹部を不起訴とし、多額のキックバック（環流）を受けた3議員（池田佳隆・谷川弥一衆議院議員、大野泰正参院議員）と会計責任者を政治資金規正法違反の罪で立件して幕を下ろしそうだ。

世論の反応次第では、特捜部が窮地に立つ可能性もあったが、大山鳴動《たいざんめいどう》してネズミ一匹とはこのこと。捜査は尻すぼみで終わってしまった。

ここで想起するのは、1992年の「金丸《かねまる》事件」である。自民党の金丸信《しん》副総裁（当時）

が東京佐川急便から闇献金を受け取っていたとして、政治資金規正法違反に問われた事件だ。東京地検特捜部は金丸から事情聴取も行わないまま略式起訴とし、金丸は東京簡易裁判所から罰金20万円の略式命令を受けた。

しかし、国民はお茶を濁《にご》して済ませようとした特捜部の手ぬるい捜査に怒りの声をあげる。身内の札幌高検検事長からも非難される事態となり、東京・霞が関の地検正面玄関の表札に黄色いペンキがかけられる事件も起きた。

世論の反発に驚いた特捜部は結局、その後も捜査を続けて脱税の事実を突き止め、ようやく金丸逮捕にこぎつけた。金丸側は議員辞職で責任を取り、社会的制裁を受けた形に持ち込むことで、逮捕を回避する思惑があったのかもしれない。

だが、国会会期中には逮捕されないという不逮捕特権がなくなったのを渡りに船とばかり、特捜部は議員辞職後の金丸の逮捕に踏み切った。

今回の政治資金不記載事件は、2024年1月下旬の通常国会の召集を理由に捜査の限界が指摘されてきた。しかし、金丸事件と同様、特捜部がその気になれば過酷な取り調べでターゲットにした議員を辞職に追い込み、逮捕令状を執行する選択肢もあり得る。ただ、派閥ぐるみだったことを裏付ける証拠をあげられない以上、それも期待薄だ。

強制捜査で高まった特捜部の世論に対する期待も急速に萎《しぼ》んでいくだろう。

古今東西、城狐社鼠《じょうこしゃそ》（君主や権力者のかげに隠れて、悪事を働く者）の類《たぐい》を退治するのは容易ではないのだ。

〝泣く子も黙る〟厳しい取り調べで知られる東京地検特捜部も人の子だ。政界捜査をめぐる失態は金丸事件だけではなかった。

最近では、２０１９年の河井克行元法務大臣の実刑が確定した参議院選挙をめぐる大規模買収事件における「不適正な取り調べ」（最高検の発表）や２０１０年の大阪地検特捜部による証拠改ざん事件などがある。

だが、何より忘れてはならないのは、超ド級の〝あの事件〟だ。

戦後最大の疑獄事件といわれた１９７６年のロッキード事件である。東京地検特捜部は同年7月27日に田中角栄首相（当時）を受託収賄と外為法違反容疑で逮捕し、金権政治を嫌悪する世間は喝采を送った。

秋霜烈日《しゅうそうれつじつ》バッジ（検察バッジの呼称。形が霜と日差しの組合せに似ていることから、厳正な検事の職務とその理想像を象徴している）と相まっての面目躍如といったところだろう。

しかし、公正を欠く捜査によって、稀代の政治家を社会から葬《ほうむ》り去ろうとした角栄の逮捕は、検察の失態である。「首相の犯罪をものにする」という、担当検察官らの功名心がそこに存在したのではないか。

独任制官庁（一人ひとりが権限を行使する官庁）である強大な捜査・起訴権限を持った検察官が、寄ってたかって角栄を吊るしあげるやり方は、魔女裁判すら彷彿《ほうふつ》させ、〝検察ファッショ〟という言葉が脳裏を過《よぎ》る。

特捜部のマスコミ操縦術

司法制度が違うとはいえ、米国からの情報発信が端緒となったロッキード事件には、違法ともいえる捜査手法がとられていた。

そのあたりのことについて語られた「角栄本」は、巷に溢れている。

ここでは捜査における二つの急所について、筆者の思うところを述べていきたい。

角栄の起訴事実は、1972年8月、大手商社「丸紅」の檜山廣《ひやまひろ》元会長からロッキード社のトライスター旅客機の購入を全日空に働きかけるよう頼まれ、報酬として5億円を受け取った受託収賄と外為法違反の罪である。

捜査過程で特捜部は、マスコミを巧みにコントロールし、利用した。公判を有利に運び、裁判官の心証を誘導するための心理戦である。

記者は特ダネの手柄になるので、利用されていることを承知で、検察からの情報を垂れ流した。筆者も警視庁で経済事件を担当し、何度か大きなネタをとってきた経験があるから、当局の思惑は熟知している。

ロッキード事件では、角栄が5億円の受領を否定する一方、角栄の筆頭秘書だった榎本敏夫が授受を認めたことがあった。検察が発信した偽《ニセ》の情報提供が背景にあった。

特捜部は「田中、5億円の受領を認める」という虚偽の情報をサンケイ新聞にリークし、それを見た榎本が「秘書として合わせなくてはいけない」と考えて授受を認めたという（講談社現代新書・服部龍二著『田中角栄　昭和の光と闇』）。

「遠山の金さん」気取り!?

問題は、嘱託尋問がことごとく証拠採用される一方、角栄の弁護側による反対尋問が許されなかったことである。

事件が発覚したのは、日本ではなく、米上院外交委員会の多国籍企業小委員会（通称・チャーチ委員会）だ。米国が仕組んだ謀略の匂いがプンプンする。委員会ではロッキード社のアーチボルド・コーチャン副会長らが角栄への贈賄工作を証言した。

米側はコーチャンの尋問調書を引き渡す代わりに、「日本の最高裁がコーチャンらの不起訴を約束する」という条件を日本側に突き付けた。

検察庁だけでなく、起訴権限のない最高裁までもが、米国の意向に沿って不起訴を宣明している。

裁判所と検察庁が一体となった不起訴宣明ほど、前近代的な糾問主義（裁判所の職権で手続きを開始し、事件を審理する方法）を象徴する出来事はなかった。まるで、時代劇に登場する人気者「遠山の金さん」である――なぜ、金さんなのか。

金さんは、「自分で犯罪捜査をして、証拠を集めて容疑者をお白州《しらす》に引きずり出して、自分で判決を出してしまう。場合によっては、無辜《むこ》の市民の弁護までするのだから、刑事、検察官、裁判官、弁護士の1人4役という、暗黒（前近代的）裁判の象徴でもあった」（集英社インターナショナル・小室直樹著『日本人のための憲法原論』）からである。

嘱託尋問は司法取引のある米国では合法だが、日本には当時、刑事免責制度がなかった。

そのため、免責を前提とした嘱託尋問は違法の疑いが濃厚だ。

最高裁の対応を「重大な問題を含んでいた」と指摘するのは、中央大学教授の服部龍二教授だ。

服部教授は、「最高裁が拙速ともいえる宣明を発したのは、日本中が注目するなかで米国から要請があり、三木（武夫首相）も徹底解明の立場だったからであろう」（服部龍二著・前掲書）と述べている。

それ以上に問題なのは、日本の司法の場においてコーチャンへの反対尋問が認められなかったことだ。角栄の弁護団によるコーチャンへの尋問が行われてしかるべきだったが、なされなかった。刑事被告人がすべての証人に対して審問する機会を保障した日本国憲法37条第2項違反である。

その結果、贈賄側のコーチャンは日米双方で不起訴、無罪となっている。

角栄没後、最高裁はコーチャンの不起訴を宣明した嘱託尋問調書の効力を否定し、宣明の誤りを認めている。泉下の角栄が知ったら、どう思ったか。怒髪天を突き、ひどく悔しがったのではなかろうか。

近代刑事裁判の鉄則は、「検察官の作った供述調書ではなく、公判の証人だけを信用するという直接主義、当事者主義でなければならない」(ビジネス社・小室直樹著『田中角栄政治家の条件』)とある。

本来、裁判で裁かれるべきは、被告の罪を主張する検察官である。物的証拠がないまま角栄を起訴した検察官こそ裁かれるべきであった。

不起訴を宣明した嘱託尋問の証拠採用と反対尋問を角栄側弁護団に認めなかったのは、「司法の自殺」(同)であった。

米国の謀略の匂いがすると先述したのは、以下の理由による。

折しも、第4次中東戦争に端を発するオイルショックから、角栄は世界を支配するオイルメジャーに対抗する形で、独自の資源外交を展開した。これがニクソン米政権の虎の尾を踏み、「ロッキード事件の淵源《えんげん》となった」(「新潮45」2010年7月号、中曽根康弘元首相『私と角栄氏とキッシンジャーの言葉』)との見方があるからだ。

他方、米国に先駆けて日中国交正常化を成し遂げた外交成果が、米国をいたく刺激したため、田中失脚の報復に出たとの見方もある。

日中首脳会談直前の1972年8月、ヘンリー・キッシンジャー米大統領補佐官は駐ベトナム米大使との会談で、「汚い裏切り者どもの中で、よりによってジャップがケーキを横取りしたのだ」（小学館・孫崎享著『アメリカに潰された政治家たち』）と語り、怒り心頭だったという。

中曽根はのちに、「角栄逮捕後、来日したキッシンジャーと2人きりで話していた際、キッシンジャーが『ロッキード事件は間違いだった。あれはやりすぎだったと思う』と密かにいった。彼は事件の本質、真相をおそらく知っていたに違いない」（「新潮45」同）と述懐している。角栄の側近だった石井一《はじめ》元国土庁長官は、角栄の「キッシンジャーにやられた」との言葉を聞いている（産経新聞出版・石井一著『冤罪』）。

日本全体が、米国の準備した用意周到な罠に嵌《は》められ、嬉々として踊らされていたのである。戦後、日本人をダマし、裏切ったのは、キッシンジャーだった。

キッシンジャーが2007年に来日した際、当時政治部デスクだった筆者は、都内のホテルで会見を開いた彼にロッキード事件について、その当時の所感を質問したことがあった。気のない返事だったから中身は覚えていないが、筆者のほかに質問をした記者が皆無だったことは覚えている。

このとき、キッシンジャーはすでに遠い過去の人となっていた。

2023年11月に死去したキッシンジャーについて、米中外交を礼賛する追悼文は目にしたが、ロッキード事件に関して興味を引く論評は少なくとも筆者は目にしなかった。

100歳となった同年7月に訪中し、習近平国家主席と面談した際は、「旧友は忘れ去られることはない」と持ち上げられて悦に入り、その老醜をさらしていた姿は見苦しかった。

「角栄待望論」再び

角栄待望論の萌芽は、2009年の民主党政権誕生のころに見られる。

第1次安倍政権から福田康夫、麻生太郎と首相が猫の目のようにコロコロ代わり、社会全体が閉塞《へいそく》感に包まれていたころのことだ。そのムードに拍車をかけたのが、民主党政権の誕生である。

財源の裏付けのないマニフェスト（空証文）を並べた民主党政権に辟易《へきえき》した世論の中から、自然発生的に沸き起こってきた。

混迷する国内外情勢の逆風に立ち向かう強力なリーダーシップを国民が渇望していたからにほかならない。

先述の「新潮45」も、角栄の演説を収録したCD付きで「角栄特集号」を組んでいる。筆者も書棚にある角栄本を50冊あまり読破したほか、CDを繰り返し何度も聴いたものだから、しばらくの間、あのダミ声が耳にこびりつき、角栄が体に憑依《ひょうい》した感覚が抜けなかったほどだ。

〝コンピュータ付ブルドーザー〟や〝今太閤〟と呼ばれた角栄の凄さや魅力を語る逸話は紙数がいくらあっても足りない。

ここでは、筆者の独断でその魅力を厳選して紹介したい。

刮目《かつもく》すべきは、成立させた議員立法の数だろう。道路3法（道路法、ガソリン税法、有料道路法）をはじめとする計33本。成立に関与したものまで含めると、その数72本に上る。

GHQが君臨し、日本の非武装化と精神の弱体化に専念していた当時である。経済復興を目指し、自前の立法に心血を注いだ角栄という政治家の原点を見る思いだ。

あとにもさきにも、これを超える例はない。

このバイタリティは、官僚を自在に操った角栄の人心掌握術にも見ることができる。

現行法のレールの上を歩き、減点主義で冒険によるリスクを好まない官僚の本質を熟知していた角栄は、蔵相就任時、省内に居並ぶ幹部を前に行ったあいさつで、「すべての責任はこの角栄が背負う」と語った。

要は、「官僚の骨を拾う」といっているのである。失敗しても、角栄自ら泥をかぶる覚悟を示したのだ。旧大蔵省や旧通産省といった選りすぐりのエリート官僚たちが角栄に喜んで協力し、政策実現をサポートしたのは想像に難くない。

通信網の発達に関する角栄の先見の明も語り草だ。

「これからの世の中は、光ファイバーで世界中の出来事が手に取るようになる。世界の新聞もボタン一つで読めるのである。今日、新聞記者諸君もここに来ているが、新聞なんか、なくなる日が来るからね」（1984年9月10日）

慧眼《けいがん》である。新聞各紙は部数を減らし、他の追随を許さぬ斜陽産業となり下がり、惨状は見ての通りである。

現在の自公連立政権を見通したかのようなセリフもある。

「公明党は危急存亡のとき、自民党と一緒になる政党である」

金にまつわる角栄の人柄を象徴するような言葉も無数にあるが、ここでは、以下の言葉を紹介したい。

「金は渡す人間が土下座しろ」

「金は集めるより、配る方が難しい」

いかがだろうか。どんな哲学者もかなわぬ平易さでありながら、人間の本質を見事にとらえた名言ではなかろうか。

角栄には、権力を振るう冷徹な荒ぶる神と慈悲深い仏様が同居していたのである。

日中国交正常化とは何だったのか

では、田中角栄で実現した日中国交正常化をどう評価すべきだろうか。

中国共産党政権が倒れた暁《あかつき》には、一定の評価は下せるだろうが、正常化して（今は異常であるが）まだ半世紀ちょっとの現時点で、この業績を評価するのはいかにも早い。むしろ、後世の歴史家が何というか知りたいところである。

強いていうなら、角栄が中国に乗り込んだ1972年は米ソ冷戦の真っただ中であり、米ニクソン政権が対ソ戦略上、中国との関係回復を急いでおり、日本が梯子《はしご》をはずされる恐れがあった。日本の防衛と資源をめぐり、米国と角突き合わせていた角栄にとって、米国は安全保障上の後ろ盾ではあったが、同時に警戒すべき相手でもあった。

このため、米国に先んじて中国との関係改善に動かなければ、日本は外交的にも八方ふさがりとなっていたのは間違いない。翌年に起きた第4次中東戦争に端を発した資源外交の必要性からも、多角的な外交を進めようとした角栄の判断は正しかったといえるのではないか。台湾との関係は今も禍根を残しているが、経済交流の名の下に実質的な大使館を双方に置き、さまざまな制約は残るが、事実上の国家間外交を展開している。

問題なのは、角栄に続く自民党の政治家たちだ。とりわけ田中派の系譜につらなる竹下派など経世会、福田赳夫元首相が率いた旧安倍派の一部媚中派議員ら、大平正芳元首相らの宏池会などは、中国利権に殺到し、政府開発援助（ＯＤＡ）という公金に群がって、恬《てん》として恥じなかった。親中・媚中派の系譜である。

田中派の末裔《まつえい》を自称する二階俊博元自民党幹事長や石破茂首相らには、角栄の名を口にしてほしくないほど中国に媚び、日中関係をいびつなものに変質させてしまっている。

角栄が今もし存命であれば、今の自民党議員らのように中国にいうべきこともいわずに、「媚びるだけ媚びていい」とはいっていないはずだ。仲良くする必要があるときは仲良くし、ケンカすべきときはケンカする。それが角栄の流儀である。ケンカすべきときにケンカしないから、現在のように舐《な》められるのである。中国共産党政権は、日本の政治家の足元をみているのである。

ただ、角栄も完璧ではない。米国、中国との距離感について筆者は賛成しかねる。「二等辺三角形」論である。角栄の頭の中に、「米国と中国で二等辺三角形をつくる」という構想があった。当時はまだ発展途上で西側の脅威ではなかった中国であったから、こうした発想が生まれたのだろうが、これは角栄の読み違いである。

米国が仕掛けたロッキード事件の罠にはまって失脚してしまったから、現実に二等辺三角形はつくられなかったが、大平氏はこれを踏襲しようとしていた。だが、米中両国に良い顔をするフラフラした外交姿勢では、G7からもつまはじきとなり、日本の防衛が高くつくものになっていたであろう。

中国の術中にはまってしまった尖閣諸島の問題

「二等辺三角形」論だけではない。今なお、引きずって外交問題化させようとする中国の術中にはまってしまっているのが、尖閣諸島の問題だ。

沖縄県の尖閣諸島も後世、すなわち、われわれの世代に「決着を先送りする」と中国が主張する隙を与えてしまったのが、すべて彼の責任ではないが、角栄の失点といえば失点である。正確にいうと、角栄は決して先送りを認めたわけではないのだが、明確に領有権を主張しなかったため、中国側に「先送り」を主張する余地を残してしまったのだ。

ただ、戦争で勝利でもしない限り、外交に１００対ゼロはない。そう判断した角栄は、戦争状態の終結という国交正常化の大義と、中国側に「先送り」と主張させてしまう余地を天秤にかけた角栄は、大義をとったのではなかろうか。

現在の中国海警局の船舶による挑発の遠因が、中国側が勝手に主張する「先送り」にあるのは間違いないが、一番の問題は、当時の角栄の判断というよりかは、尖閣諸島の行政管理を放置してきた「角栄以降」の自民党政権の責任である。

石原慎太郎元都知事がかねがね主張したように、灯台の管理は当然として、魚釣島《うおつりじま》など尖閣諸島に船着き場を整備し、ヘリポートをつくろうとしなかった。中国はそこを突いてきているのである。日本外交の最も下手なところは、既成事実化という手法である。日本では既成事実化というと〝姑息〟な手段は道義的に好まれない風潮があるが、日本の常識は世界の非常識、日本の非常識は世界の常識である。ここまで事態が悪化する前に、港やヘリポートをつくるべきであった。

海警局の船舶ではなく、中国の海洋調査船がうろついていた時代には、領海侵犯した際に拿捕《だほ》するなどの毅然とした手段をとるべきだった。筆者は1998年春に魚釣島に上陸取材しているのだが、中国船の拿捕ではなく、橋本龍太郎政権（当時）の意向を受けた海上保安庁は筆者を建造物侵入容疑で逮捕しようとしていたのだから、情けない限りである。魚釣島は当時、埼玉県内に住む個人の所有だった。実際の逮捕は免れたが、海保は「他人の庭先に勝手に侵入した」という見解をとっていたのである。

さて、日中国交正常化の評価である。ざっと述べてきた通りであるが、少なくとも正常化以降、日本は中国と実弾の飛び交う戦争をしていないという事実がある。日中国交正常化は「正しかった」と断ずるのはまだ早いと思うのだが、その一点だけをみれば、少なくとも「間違っていた」といい切ることはできまい。

角栄以降の歴代自民党政権は、媚中・親中の系譜がつらなると指摘したが、外交努力もそれなりに奏功した面を指摘しておかねば公平を欠こう。

現在は中国の変節でほとんど死文化しているが、4つの政治文書の存在である。日中共同声明（1972年）、日中平和友好条約（1978年）、平和と発展のための友好協力パートナーシップの構築に関する日中共同宣言（1998年）、「戦略的互恵関係」の包括的推進に関する日中共同声明（2008年）がそれだ。

小異を捨て、大同につこうとした角栄だが、自己主張ばかり強め、異形《いぎょう》の大国と化した中国の姿を、千里眼を持つ角栄をしても見通すことはできなかった。

プラスもマイナスも両面あるが、老獪《ろうかい》な中国相手に、角栄は五分に渡り合ったというのが現時点での筆者の肯定的な評価である。何しろ、「韜光養晦《とうこうようかい》、有所作為」（能ある鷹は爪を隠し、必要な時は行動する）という国である。

これを掲げたのは、かつての指導者、鄧小平である。鄧小平は1974年の国連演説で、「中国は未来永劫、覇権を目指すことはない」「中国が覇権を目指すようになったら、思う存分、（中国を）叩いて結構」などと放言した。

今まさに、中国の身勝手を指摘すべき時であるが、石破政権にそれを期待するのは無理筋だ。サルに微分・積分を解かせるより難しいだろうから。

佐々木 類（ささき　るい）
1964年、東京都生まれ。産経新聞に入社。事件記者として、警視庁で企業犯罪、官庁汚職、組織暴力などの事件を担当。その後、政治記者となり、首相官邸、自民党、野党、外務省の、各記者クラブでのキャップ（責任者）を経て、政治部デスク（次長）に。この間、米紙「USA TODAY」の国際部に出向。米国テネシー州のバンダービルト大学公共政策研究所 日米センターでは、客員研究員として日米関係を専門に研究した。2010年、ワシントン支局長に就任後、論説委員、九州総局長兼山口支局長を経て、23年10月まで論説副委員長。著書に『静かなる日本侵略』『日本が消える日』『日本復喝！』『チャイニーズ・ジャパン』『ステルス侵略』（ハート出版）、『日本略奪』（ビジネス社）など。

ヤバイぞ日本《にっぽん》
中国《ちゅうごく》の「侵略《しんりゃく》」を直視《ちょくし》せよ！

2025年2月2日　初版発行

著　者　佐々木 類

発行者　鈴木 隆一

発行所　ワック株式会社
東京都千代田区五番町 4-5　五番町コスモビル　〒102-0076
電話　03-5226-7622
http://web-wac.co.jp/

印刷製本　大日本印刷株式会社

ⓒSasaki Rui
2025, Printed in Japan
価格はカバーに表示してあります。
乱丁・落丁は送料当社負担にてお取り替えいたします。
お手数ですが、現物を当社までお送りください。
本書の無断複製は著作権法上での例外を除き禁じられています。
また私的使用以外のいかなる電子的複製行為も一切認められていません。

ISBN978-4-89831-916-1